Meiner Familie

Dieses Buch gehört:

Inhalt

3. Auflage 2012

Deutsche Erstausgabe in Österreich 2007

Konzeption und Gestaltung:
Elena Obermüller und Peter Kratzer
Illustrationen: Elena Obermüller
Bearbeitet von Andrea Zorka Kinda-Berlakovich
Gesetzt von Denise Moser
Printed in Europe
ISBN 978-3-85253-395-7

Elena Obermüller & Peter Kratzer

Das große Bildwörterbuch

Deutsch – Bosnisch/Kroatisch/Serbisch/Burgenlandkroatisch

Mit österreichischen Ausdrücken

Mit über 777 Wörtern zum Schauen, Lesen und Lernen

Benutzerhinweis:
b = Bosnisch (bosanski),
h = Kroatisch (hrvatski),
s = Serbisch (srpski),
gh = Burgenlandkroatisch (gradišćanskohrvatski)
Vor dem jeweiligen Stichwort wurde die Zuordnung zur Sprachvariante durch den Anfangsbuchstaben der Sprache angegeben.
Bei Wortgleichheit in drei Sprachvarianten wurde keine Zuordnung durch die Anfangsbuchstaben vorgenommen.

Der Körper

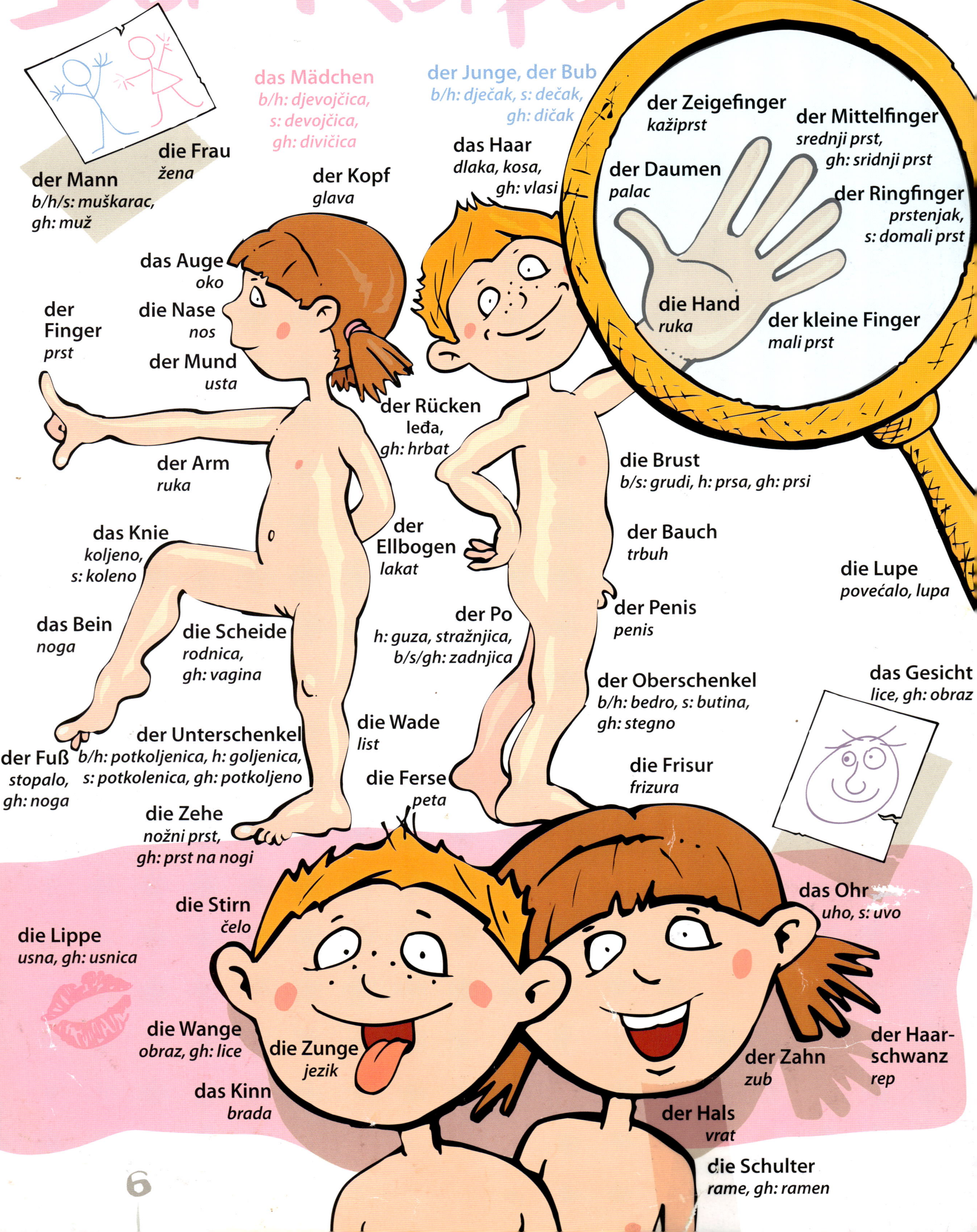

das Mädchen
b/h: djevojčica,
s: devojčica,
gh: divičica
der Junge, der Bub
b/h: dječak, s: dečak,
gh: dičak
die Frau
žena
der Mann
b/h/s: muškarac,
gh: muž
der Kopf
glava
das Haar
dlaka, kosa,
gh: vlasi
der Zeigefinger
kažiprst
der Mittelfinger
srednji prst,
gh: sridnji prst
der Daumen
palac
der Ringfinger
prstenjak,
s: domali prst
die Hand
ruka
der kleine Finger
mali prst
das Auge
oko
die Nase
nos
der Mund
usta
der Finger
prst
der Rücken
leđa,
gh: hrbat
der Arm
ruka
die Brust
b/s: grudi, h: prsa, gh: prsi
das Knie
koljeno,
s: koleno
der Ellbogen
lakat
der Bauch
trbuh
die Lupe
povećalo, lupa
das Bein
noga
die Scheide
rodnica,
gh: vagina
der Po
h: guza, stražnjica,
b/s/gh: zadnjica
der Penis
penis
der Oberschenkel
b/h: bedro, s: butina,
gh: stegno
das Gesicht
lice, gh: obraz
der Unterschenkel
b/h: potkoljenica, h: goljenica,
s: potkolenica, gh: potkoljeno
der Fuß
stopalo,
gh: noga
die Wade
list
die Ferse
peta
die Frisur
frizura
die Zehe
nožni prst,
gh: prst na nogi
die Stirn
čelo
die Lippe
usna, gh: usnica
das Ohr
uho, s: uvo
die Wange
obraz, gh: lice
die Zunge
jezik
der Zahn
zub
der Haar-
schwanz
rep
das Kinn
brada
der Hals
vrat
die Schulter
rame, gh: ramen

Unsere Familie
die Uroma
prabaka, s/gh: prababa
der Uropa
pradjed, s: pradeda
der Opa
b: djedo, h: djed,
s: deda, gh: stariotac
die Oma
baka, gh: staramajka
die Großmutter
baka, gh: staramati
der Großvater
b/h: djed, s: deda,
gh: stariotac
der Onkel
ujak, stric, tetak
die Tante
b/h/s: tetka, ujna, strina
h/gh: teta
die Mutter
majka, gh: mati, mama
der Vater
otac
die Tochter
b: kćerka,
h/gh: kćer, kći,
s: ćerka
der Sohn
sin
das Haustier
kućni ljubimac,
gh: domaća živina
die Cousine, der Cousin
b: rođak, rodica, h: bratić, sestrična,
s: brat od strica ili tetke, sestra od strica
ili tetke, gh: bratić, sestrica
die Schwester
sestra
der Bruder
brat
das Andenken
b/s: suvenir, h: uspomena,
gh: spominak
das Geschenk
poklon, dar
die Nichte
nećakinja
der Neffe
nećak
die Katze
mačka
der Geburtstag
rođendan, gh: rodjendan
die Braut
mlada,
gh: zaručnja
der Bräutigam
mladoženja, gh: zaručnjak

Unser Zuhause

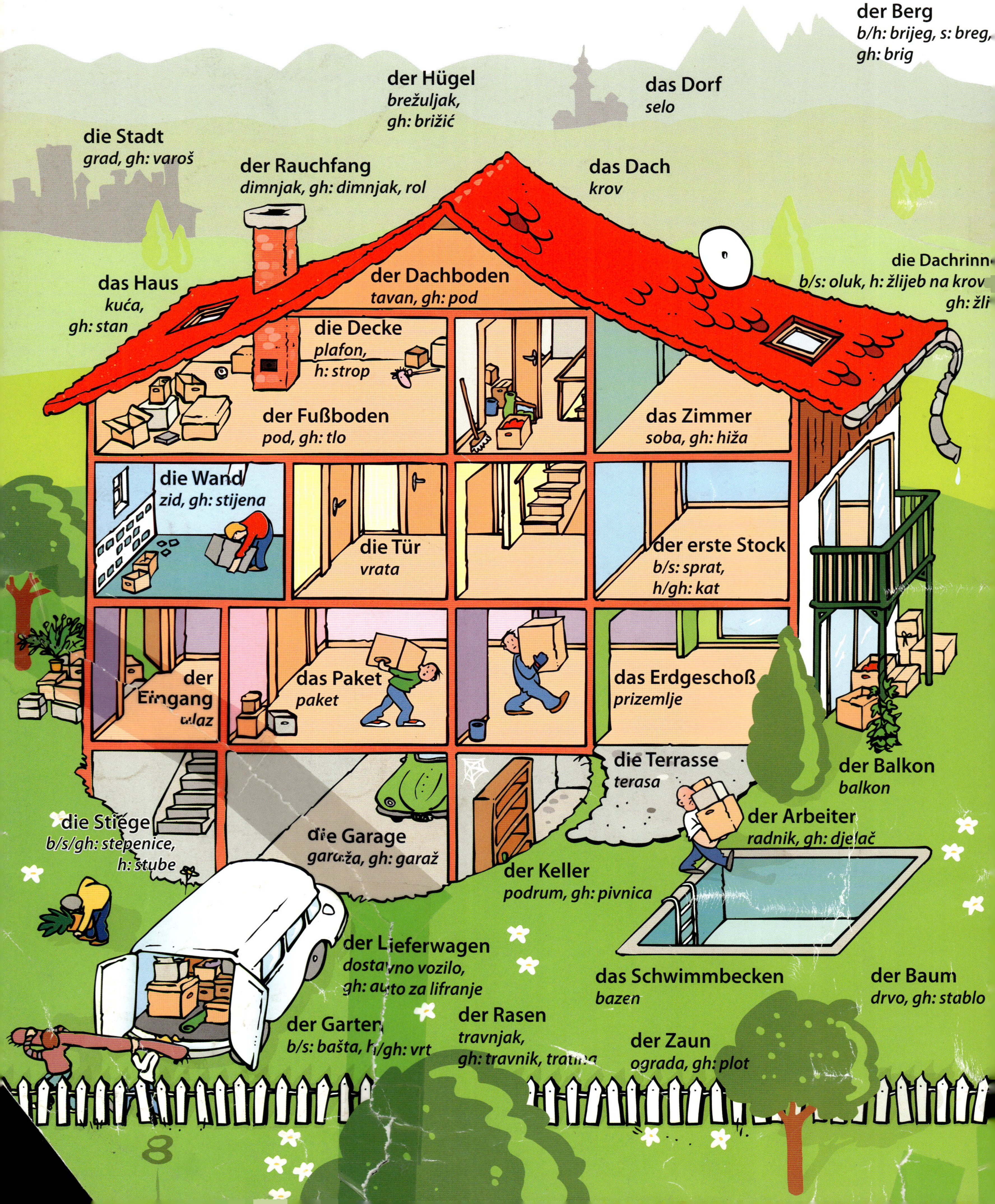

die Pflanze
biljka, gh: raslina
der Heizkörper
radijator
der Rahmen
okvir
der Wecker
b/s: budilnik, h: budilica,
gh: budilnica
das Bild
slika, gh: kip
das Nachtkästchen
noćni ormarić
der Polster
jastuk, gh: vankuš
die Tuchent
b/s: jorgan,
h: perina,
gh: blazina, dunja
die Decke
pokrivač, deka
das Bett
b/s: krevet,
b/h: postelja,
gh: stelja
der Kasten
ormar
der Zierpolster
b/s: jastuče, h: ukrasni jastuk,
gh: vankušac
das Fotoalbum
album za fotografije
das Schlafzimmer
b/s: spavaća soba, h/gh: spavaonica

die Uhr
b/h: sat,
s: časovnik,
gh: ure
das Esszimmer
b/s: trpezarija,
h/gh: blagovaonica
das Sofa
b/s: sofa, divan,
h: sofa, počivaljka,
gh: sofa, otoman
der Vorhang
b/h: zavjesa, s: zavesa,
gh: zastor
das Fenster
prozor, gh: oblok
die Zeitung
novine
der CD-Player
CD-player,
s: CD plejer
das Tischtuch
stolnjak,
gh: ubrus
die Vase
vaza
der Blumenstrauß
b/h: buket cvijeća, s: buket cveća,
gh: buket kitic
die CD
CD, kompaktni disk
der Fernseher
televizor
das Handy
mobitel (= mobilni telefon),
gh: handy (= mobilni telefon)
der Tisch
b/s: sto,
b/h/gh: stol
die Glühbirne
b/s: sijalica, h: žarulja,
gh: kruška
die Schale
zdjela, s: činija
die Kerze
b/h: svijeća,
s: sveća, gh: svića
das Wohnzimmer
dnevna soba

das Badezimmer
b/s: kupatilo,
h/gh: kupaonica
die Dusche
tuš
der Wasserhahn
b/s: česma,
h: slavina,
gh: pipa
das Waschbecken
umivaonik, lavabo
der Spiegel
b/s: ogledalo,
h/gh: zrcalo
das Handtuch
b/s: peškir,
h/gh: ručnik
die Seife
sapun
der Schwamm
spužva, gh: guba, špandija
die Waschmaschine
b/s: mašina za pranje veša,
h: stroj za pranje rublja,
gh: stroj za pranje
das Waschpulver
prašak za pranje
die Badewanne
kada
der Hocker
stoličica,
gh: stolčac
SUPER
der Wäschekorb
b/s: korpa za veš,
h/gh: košara za rublje

die Tapete
tapeta
die Lampe
svjetiljka, luster
gh: svitiljka
das Shampoo
šampon za kosu,
gh: šampo za vlase
die Zahnbürste
četkica za zube,
gh: ščetkica / kefica za zube
die Zahnpasta
zubna pasta
der Kamm
češalj
die Creme
krema,
gh: krem
Bella
das Parfum
parfem, gh: dušalo
der Rasierschaum
b/h: pjena za brijanje,
s: pena za brijanje,
gh: pina za brijanje
die Bürste
četka,
gh: ščetica, kefa
der Fön
fen, h: sušilo za kosu, fen
der Rasierer
aparat
za brijanje

die Kräuter
začinsko bilje,
gh: trave
der Kühlschrank
b/s: frižider,
h: hladnjak,
gh: hladilnik
das Geschirrtuch
krpa za brisanje,
gh: krpa za utrti

das Vorzimmer
predsoblje
die Türschnalle
kvaka na vratima,
gh: šmolja
der Schlüssel
ključ
der Besen
metla
das Klopapier
toaletni papir,
gh: WC-papir
das WC
WC
der Kleiderbügel
b/h: vješalica,
s: vešalica,
gh: višalica
der Abstellraum
b/s: ostava, garderoba
h: spremište,
gh: špajz, smočnica
das Regal
polica, regal
der Kübel
b/h: kabao, s: kofa,
gh: kanta
die Mistschaufel
lopatica za smeće,
gh: lopatica za smetlje
der Teppich
b/s: tepih,
h: sag, prostirač,
gh: prostirač
der Staubsauger
b/s: usisivač, h: usisavač prašine, gh: usisač praha

die Küche
kuhinja
die Mikrowelle
mikrovalna pećnica
die Abwasch
b/s: sudopera, h/gh: sudoper
der Deckel
poklopac
der Topf
lonac
die Pfanne
b/h: tava, s: tiganj,
gh: presura
ler Herd
poret,
: štednjak
der Geschirr-
spüler
b: mašina za pranje suđa,
h: perilica suđa, s: mašina za pranje
sudova, gh: stroj za pranje sudja
die Tasse,
das Häferl
b/s: šolja,
h: šalica,
gh: lončić
das Glas
čaša, gh: staklo
der Krug
b/s: bokal,
h/gh: vrč
as
ackrohr
rerna, h/s: pećnica,
: redlja
e Futterschüssel
s: posuda za hranu,
gh: zdjelica za hranu
die Gabel
viljuška,
gh: vilice
der Löffel
b/s: kašika,
h/gh: žlica
das Messer
nož
die Serviette
b/s: salveta,
h: ubrus,
gh: servijeta
der Teller
b/s: tanjir,
h: tanjur,
gh: pladanj
die Teekanne
čajnik,
gh: kantica za čaj
die Tasse
b/s: šolja,
h: šalica,
gh: šalica, šašlinka

Bekleidung

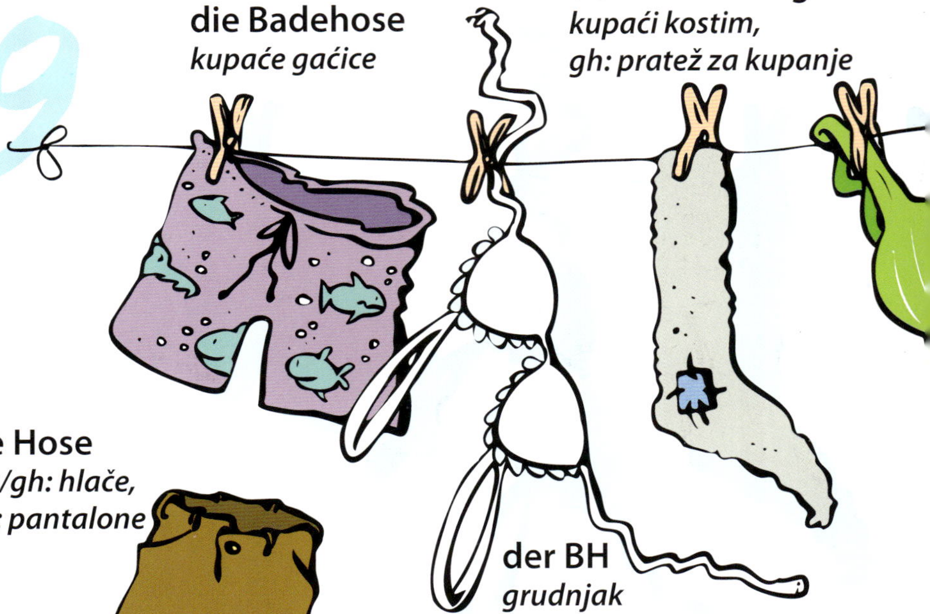

die Badehose
kupaće gaćice

der Badeanzug
kupaći kostim,
gh: pratež za kupanje

der BH
grudnjak

der Mantel
kaput,
gh: jupa

das Kleid
haljina,
gh: pratež

die Hose
b/h/gh: hlače,
b/s: pantalone

die Jacke
jakna,
gh: janklj

der Sweater
b/s: džemper,
h/gh: pulover

die Kappe
kapa

die kurze Hose
b/h: kratke hlače,
s: kratke pantalone,
gh: kratke plundre

der Pullover
pulover, s: pulover, džemper

der Rock
suknja,
gh: haljica

die Jean
b/s: farmerke,
h: traperice,
gh: jeansi

der Pyjama
pidžama

das Hemd
košulja

das Nachthemd
b/s: spavaćica,
h/gh: noćna košulja

der Hausschuh
papuča

Stell dir vor, du hast eine Reise gewonnen. Wohin? Das darfst du dir aussuchen!

→ Welche Kleidungsstücke sollen auf jeden Fall in deinen Koffer? Nenne die deutschen Begriffe.

der Bikini
bikini
das Unterhemd
potkošulja,
gh: košuljica
die Unterhose
gaćice, gh: gaćice, plundrice
die Unterhose
gaćice,
gh: gaćice, plundrice
der Unterrock
podsuknja,
gh: šnicka
die Tasche
torba, tašna
der Gürtel
b/s: kajiš, h: pojas, gh: pas
der Koffer
kofer,
h: kovčeg
die Strumpfhose
b/s: hulahopke,
h: ženske čarape s gaćicama,
gh: štrimfe
das T-Shirt
majica, gh: lajblj
das Tuch
marama,
gh: rubac
der Anorak
vjetrovka,
vindjakna,
gh: anorak
der Socken
čarapa,
gh: sokna
der Fäustling
rukavica s jednim prstom,
s: rukavica sa jednim prstom
der Handschuh
rukavica
der Schal
šal
der Schlafrock
kućna haljina,
gh: jutarnja haljina
die Brille
b/s: naočare,
h: naočale,
gh: očalji
der Armreif
narukvica
der Ring
prsten,
gh: prstanj
der Stiefel
čizma, gh: čižma
der Schuh
cipela
die Sandale
sandala
die Kette
lanac
die Mütze
kapa

Farben, Formen, Zahlen

null
nula

eins
jedan

zwei
dva

drei
tri

vier
četiri, gh: četire

fünf
pet

sechs
šest

sieben
sedam

acht
osam

neun
devet

zehn
deset

elf
jedanaest, gh: jedinaest

zwölf
dvanaest

dreizehn
trinaest

vierzehn
četrnaest

fünfzehn
petnaest

sechzehn
šesnaest

siebzehn
sedamnaest

achtzehn
osamnaest

neunzehn
devetnaest

zwanzig
dvadeset

dreißig
trideset

vierzig
četrdeset

fünfzig
pedeset

sechzig
šezdeset

siebzig
sedamdeset

achtzig
osamdeset

neunzig
devedeset

hundert
sto

das Maßband
krojački metar

schwarz
crno, gh: črno

rund
okruglo,
gh: kruglo

die Linie
b/s: linija,
h: crta, gh: red

der Punkt
b/s: tačka,
h/gh: točka

dreieckig
trokutast,
gh: trouglast

viereckig
b/s: četvorougano,
h/gh: četverokutno

gelb
žuto

quadratisch
kvadratno

blau
plavo

rot
crveno,
gh: črljeno

weiß
bijelo,
s: belo

orange
b/s: narandžast,
h: narančast, gh: orančast

grau
sivo, gh: suro

rosa
ružičasto,
gh: rozeck

türkis
tirkizan, gh: tirkiz

tausend
b/s: hiljada, h: tisuća,
gh: tisuć

TAUSEND UND EINE NACHT

braun
smeđe,
gh: kafecko

grün
zeleno

lila
ljubičasto,
gh: lilacko

10 000 < 100 000

b/s: deset hiljada,
h: deset tisuća,
gh: deset tisuć

b/s: sto hiljada,
h: sto tisuća,
gh: sto tisuć

1 000 000
milion,
h: milijun

Tage und Uhrzeit

Das Jahr

der Stern
zvijezda, s: zvezda
der Mond
b/h: mjesec, s: mesec, gh: misec
die Sonne
sunce
verschneit
b/h: zasuto snijegom, s: zasuto snegom, gh: zasnigano
mild
blago
sonnig
sunčano, gh: sunčeno
der Schnee
b/h: snijeg, s: sneg, gh: snig
der Nebel
magla
neblig
maglovito, gh: magleno
das Gewitter
oluja, gh: nevrime
eisig
ledeno
die Wolke
oblak
der Donner
grmljavina
das Eis
led
bewölkt
oblačno
gewittrig
olujno, gh: nevrime je
Jänner
b/s: januar, h: siječanj, gh: januar, siječanj
Februar
b/s: februar, h: veljača, gh: februar, veljača
März
b/s: mart, h: ožujak, gh: marcijuš, ožujak
April
b/s: april, h: travanj, gh: april, travanj
Mai
b/s: maj, h: svibanj, gh: maj, svibanj
Juni
b/s: juni, h: lipanj, gh: juni, lipanj
Juli
b/s: juli, h: srpanj, gh: juli, srpanj
August
b: august, h: kolovoz, s: avgust, gh: augustuš, kolovoz

die Sternschnuppe
zvijezda padalica,
s: zvezda padalica
heiß
vruć
die Hitze
vrućina
regnerisch
kišovito, gh: godinast
der Regen
kiša, gh: godina
windig
b/h: vjetrovito,
s: vetrovito,
gh: vjetreno
der Wind
vjetar,
s: vetar
der Blitz
b/s: munja,
h/gh: strijela
stürmisch
olujno,
gh: zburkano
der Sturm
oluja,
gh: vihor
Frühling
b/h: proljeće,
s: proleće,
gh: protuliće
der Krokus
šafran, gh: krokus
das Schneeglöckchen
visibaba, gh: snižnica
die Narzisse
narcis, gh: narcisa
die Tulpe
tulipan, s: lala
Sommer
ljeto, s: leto
die Rose
ruža, gh: roža
die Glockenblume
zvončić, gh: zvončac
die Lilie
b/h: liljan,
s: krin, gh: lilija
die Sonnenblume
suncokret, gh: sunčenica
Herbst
jesen
die Aster
b/h: lijepa kata,
s: bela rada, gh: astra
der Pilz,
das Schwammerl
b/h: gljiva, s: pečurka,
gh: vrganj
der Kürbis
b/s: bundeva,
h/gh: tikva
die Weintraube
grozd, gh: grozdac
Winter
zima
die Schneerose
b/h: kukurijek,
s: kukurek,
gh: snižna roža
der Weihnachtsstern
božićna zvijezda,
s: božićna zvezda
die Stechpalme
b/s: bodljika,
h: božikovina,
gh: bodljikava palma
die Mistel
imela, gh: lepak
September
b/s: septembar, h: rujan,
gh: septembar, rujan
Oktober
b/s: oktobar, h: listopad,
gh: oktobar, listopad
November
b/s: novembar, h: studeni,
gh: novembar, studeni
Dezember
decembar,
h: prosinac

Gefühle und Eigenschaften

verliebt
zaljubljen

glücklich
b/h: sretno,
s: srećno, gh: srićno

überrascht
iznenađen,
gh: presenećen

stolz
ponosno,
gh: gizdavo

klug
pametan,
gh: spametan

neugierig
radoznalo,
gh: znatiželjno

geduldig
strpljivo

lustig
veselo

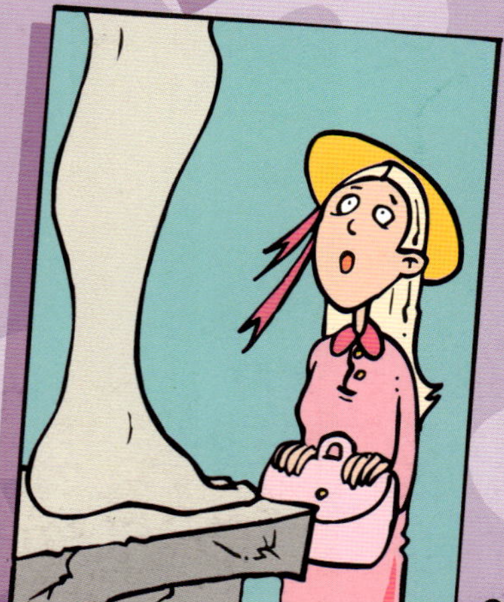

erstaunt
začuđeno,
gh: začudjeno

mutig
hrabro, gh: srčeno

gefährlich
opasno, gh: pogibelno

schüchtern
stidljivo,
gh: plašljivo

lieb
drago

müde
umoran, gh: trudan

zornig
ljutito, gh: srdito

trotzig
prkosno, nabusito, gh: tvrdoglavo

ängstlich
plašljivo, gh: bojažljivo, strašljivo

traurig
tužan

faul
lijeno, s: leno

ungeschickt
nespretan, gh: nešikan

höflich
pristojno, gh: uljudan

Gute Schauspieler gesucht!

→ Versucht abwechselnd, Gefühle und Eigenschaften darzustellen. Wer zuerst den richtigen deutschen Ausdruck genannt hat, bekommt einen Punkt.

neidisch
zavidan, gh: nenavidan

eitel
b/s: sujetno, h: tašto, gh: oholo

freundlich
ljubazno, gh: ljubezno

In der Schule
die Klasse
razred
die Tafel
tabla, h: ploča
der Lehrer
učitelj,
b/h/s: nastavnik
die Direktorin
b/gh: direktorica,
h: ravnateljica,
s: direktorka
das Heft
b/s: sveska,
h: bilježnica,
gh: pisanka
der Tisch
b/s: sto,
b/h/gh: stol
kleben
b/h: lijepiti,
s: lepiti, gh: lipiti
rechnen
računati
der Schüler
učenik, gh: školar
der Taschen-
rechner
džepno računalo, digitron,
gh: žepno računalo
die Schultasche
školska torba,
s: školska tašna
die Mappe
mapa, fascikla
das Lineal
b/s: lenjir,
h/gh: ravnalo
die Armbanduhr
ručni sat,
gh: ručne ure
die Schülerin
učenica, đak
gh: školarica
malen
slikati,
gh: moljati

die Pinnwand
pano
das Klassenzimmer
učionica, gh: školski razred
der Bleistift
olovka
der Radiergummi
gumica za brisanje, gh: brisalo
der Malkasten
kutija za boje, gh: škrablja za farbe
der Papierkorb
koš za papir, gh: košara za papir
der Mistkübel
kanta za smeće, gh: kanta za smetlje
die Landkarte
b/s: geografska karta, h/gh: zemljopisna karta
der Globus
globus
schreiben
pisati
der Spitzer
b: mašinica za oštrenje, h: šiljilo, s: rezač, gh: oštrilo
schneiden
b: sjeći, h: rezati, s: seći, gh: rizati
lesen
čitati, gh: štati
der Filzstift
flomaster
der Buntstift
b/s: olovka u boji, h: bojica, gh: šara olovka
der Klebstoff
b/h: ljepilo, s: lepilo, gh: lipilo
der Kugelschreiber
b/s: hemijska olovka, h: kemijska olovka, gh: kuli
die Freunde
prijatelji, gh: tovaruši, prijatelji
die Füllfeder
nalivpero
die Schere
b/s: makaze, h/gh: škare
der Pinsel
b/s: kičica, h/gh: kist
die Kreide
kreda
die Federschachtel
pernica
lernen
učiti, gh: učiti se
das Buch
knjiga

Märchen

Wer kommt in deinem Märchen vor? Eine schöne Prinzessin, ein gefährlicher Drache oder ein böser Zauberer?

→ Erfinde dein eigenes Märchen, zeichne ein Bild davon und beschrifte es in Deutsch.

Spielzeug

der Ball
lopta,
gh: labda
der Baustein
kockica
die Springschnur
konopac za skakanje,
gh: užince za skakanje
der Drachen
leteći zmaj,
gh: papirni pozoj
die Puppe
lutka
die Rennbahn
b/h: trkaća staza,
s: trkačka staza,
gh: trkališće
das Märchenbuch
knjiga bajki,
gh: knjiga povidajkov
das Malbuch
b/s: crtanka,
h: bojanka,
gh: slikovnica
za farbanje
der Computer
b/s: kompjuter,
h/gh: kompjutor
das Bilderbuch
slikovnica
das Computerspiel
b/s: kompjuterska igra,
h: kompjutorska igrica,
gh: kompjutorska igra
das Comic
strip, gh: comic
SUPER SPINNE
der Teddybär
b/h: medo, s: meda,
gh: medvidić
der Roboter
robot
die Murmel
b/s: kliker, h: špekula,
gh: kugljice
die Spielzeug-
eisenbahn
željeznica kao igračka,
gh: vlak za igranje

Einkaufen

die Kirsche
trešnja, gh: č(e)rišnja
der Pilz,
das Schwammerl
b/h: gljiva, s: pečurka,
gh: vrganj
der Salat
salata
der Fenchel
b/h: komorač,
s: kopar,
gh: paprišić
die Gurke
krastavac,
gh: ugorak
die Avocado
b/s: avokado,
h/gh: avocado
der Pfefferoni
b/s: ljuta papričica,
h/gh: feferoni
die Orange
der Knoblauch
b: bijeli luk, h: češnjak,
s: beli luk, gh: česan
b: narandža,
h: naranča,
s: pomorandža,
gh: oranča
die Zwiebel
luk
die Karotte
mrkva,
s: šargarepa
der Spinat
špinat,
s: spanać
die Honigmelone
medna dinja,
gh: dinja
der Apfel
jabuka
die Wassermelone
lubenica, gh: melona
der Broccoli
brokoli
die Ananas
ananas
die Birne
kruška,
gh: hruška
die Zuckermelone
dinja
die Aprikose,
die Marille
b/s: kajsija, h: marelica,
gh: maruljica
der Pfirsich
breskva, gh: briskva
der Sellerie
celer
die Pflaume,
die Zwetschke
šljiva, gh: sliva

der Kürbis
b/s: bundeva,
h/gh: tikva

die Melanzani
b/h/s: plavi patlidžan,
h: melancan,
gh: melancani

die Erbse
grašak, gh: grah

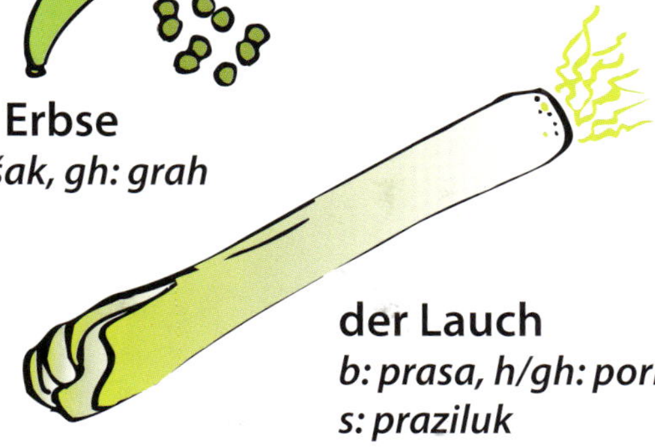

der Lauch
b: prasa, h/gh: poriluk,
s: praziluk

die Kartoffel,
der Erdapfel
b/s: krompir,
h: krumpir,
gh: krumplj

der Karfiol
karfiol, h: cvjetača

der Paradeiser,
die Tomate
b/s: paradajz,
h: rajčica, gh: paradajska

der Kohl
b/s: kupus,
h/gh: kelj

die Artischocke
artičoka

der Spargel
b/h: šparoga, s: špargla,
gh: šparga

die grüne Bohne,
die Fisole
b: buranija, h: mahune,
s: boranija, gh: fržon

der Paprika
paprika

die Banane
banana

das Popcorn
kokice, gh: popcorn

der Mais,
der Kukuruz
kukuruz,
gh: kukorica

die Zitrone
limun, gh: citrona

die Kiwi
kivi

die Grapefruit
b/s: grejpfrut,
h/gh: grapefruit

die Mandarine
mandarina

die Kokosnuss
kokosov orah,
gh: kokosov orih

die Walnuss
orah, gh: orih

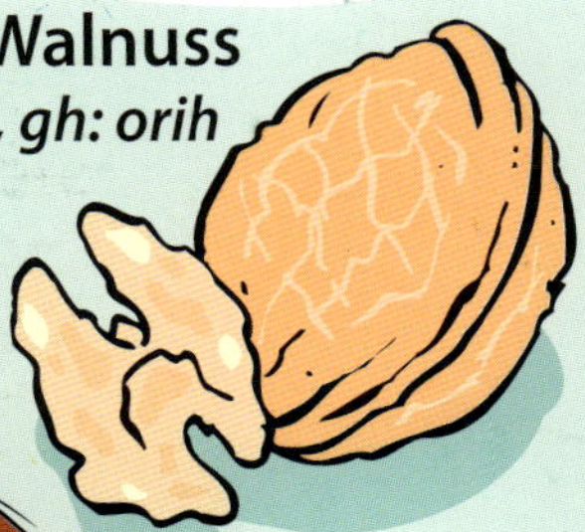

die Mandel
badem, gh: mandula

die Pistazie
pistać, gh: pistacija

die Erdnuss
kikiriki, gh: šanti orih

die Haselnuss
b/h: lješnjak,
s: lešnik, gh: lišnjak

die Einkaufstasche
b/h: torba za kupovinu,
s: tašna za kupovinu,
gh: torba za kupovanje

die Geldbörse
novčanik,
gh: mošnja

Gehst du gerne einkaufen?
Was isst du am liebsten?
→ Schreibe dir doch eine Einkaufsliste – aber in Deutsch!

das Geld
novac, gh: pinez

das Hackfleisch,
das Faschierte
mljeveno meso,
gh: faširano meso

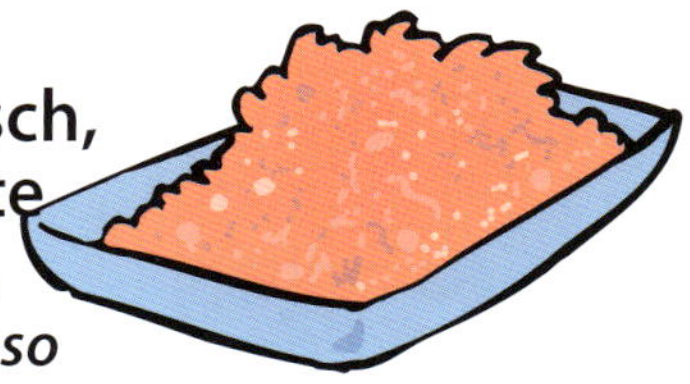

die Buttermilch
maslac-mlijeko, mlaćenica,
gh: stepke

die Schlagsahne,
das Schlagobers
tučeno slatko vrhnje,
gh: šlag

das Joghurt
jogurt

der Quark,
der Topfen
b/h: svježi sir,
s: mladi sir,
gh: sir

die Süßigkeiten
slatkiš, slatkiši,
gh: slatkarija, slatkarije

die Schokolade
čokolada, gh: čokolad

der Reis
riža,
s: pirinač

das Zuckerl
bombon, gh: cuk(o)rić

die Tiefkühlkost
zamrznuta hrana

der Schlecker,
der Lutscher
b/s: lizalica, h: lizalo,
gh: flakalo

die Erdbeere
jagoda

die Brombeere
kupina

die Himbeere
malina

die Stachelbeere
ogrozd, gh: ogrozlj

die Heidelbeere
borovnica

die Johannisbeere,
die Ribisel
b/s: ribizla, h: ribiz,
gh: ribizl

die Olive
maslina, gh: oliva, maslina
das Öl
ulje
der Essig
b/s: sirće, h/gh: ocat
die Waage
vaga
0,98
das Fleisch
meso
der Senf
b/s: senf, h: gorušica, gh: muštar, senf
der Verkäufer
prodavač
die Gewürze
začini
die Weintraube
grožđe, gh: grozdac
die Wurst
kobasica
das Salz
b/s: so, h/gh: sol
die Nudel
rezanac, gh: rizanac
die Rechnung
račun
der Pfeffer
b/s: biber, h/gh: papar
die Kräuter
začinsko bilje, gh: trave
der Korb
b/s: korpa, h/gh: košara
die Flasche
b/s: flaša, h: boca, gh: floša
die Dose
doza, b/h/s: kutija
die Kassa
b/h: blagajna, b/s/gh: kasa

Speisen und Getränke

Was ist deine Lieblingsspeise?

→ Schreibe und gestalte deine eigene Speisekarte. Verwende dazu aber die deutschen Ausdrücke.

Freizeit und Sport

Rad fahren
voziti se biciklom,
gh: bicikljati se
Freunde treffen
b/s: sastati se sa prijateljima,
h: sastati se s prijateljima,
gh: prijatelje strefiti
fernsehen
gledati televiziju
sammeln
skupljati, skupiti,
gh: pobirati, pobrati
klettern
penjati se,
gh: plazniti
Was sind deine Hobbys?
→ Gestalte deinen persönlichen Steckbrief und benütze dazu die deutschen Wörter.
spazieren gehen
šetati (se), gh: šetati se
Ski fahren
skijati, gh: šijati se
rodeln
sankati se,
h: sanjkati se
fotografieren
b/h/gh: fotografirati,
b/s: fotografisati
musizieren
svirati,
gh: igrati na inštrumentu
eislaufen
klizati se,
gh: fuzati se
Karten spielen
igranje karata,
kartanje, gh: hartati se
faulenzen
b/h: ljenčariti,
s: lenčariti,
gh: lijeniti se
31

Berufe

die Mechanikerin
mehaničarka
der Kellner
konobar
der Koch
kuhar, s: kuvar
der Fleischer,
der Fleischhauer
mesar
der Bäcker
pekar,
gh: pek
die Kundin
b/s: mušterija,
h: mušterija,
redovit kupac,
mušterija,
gh: kupac
der Arzt
b: ljekar, h: liječnik,
s: lekar, gh: vračitelj
der Tischler
stolar
die Künstlerin
b/h/gh: umjetnica,
s: umetnica
die Tierärztin
veterinarka
der Zahnarzt
zubar
der Frisör
frizer
die Kranken-
schwester
medicinska sestra,
gh: bolničarka
die Polizistin
b/gh: policistkinja,
h: redarstvenica,
s: policajka
der Chauffeur
vozač
der Leibwächter
tjelohranitelj,
s: telohranitelj
der Schneider
krojač
die Journalistin
novinarka
der Briefträger
poštar
die Gießkanne
b/s: kanta za zalivanje,
h: kanta za zalijevanje,
gh: kanta za poljivanje
die Schauspielerin
glumica

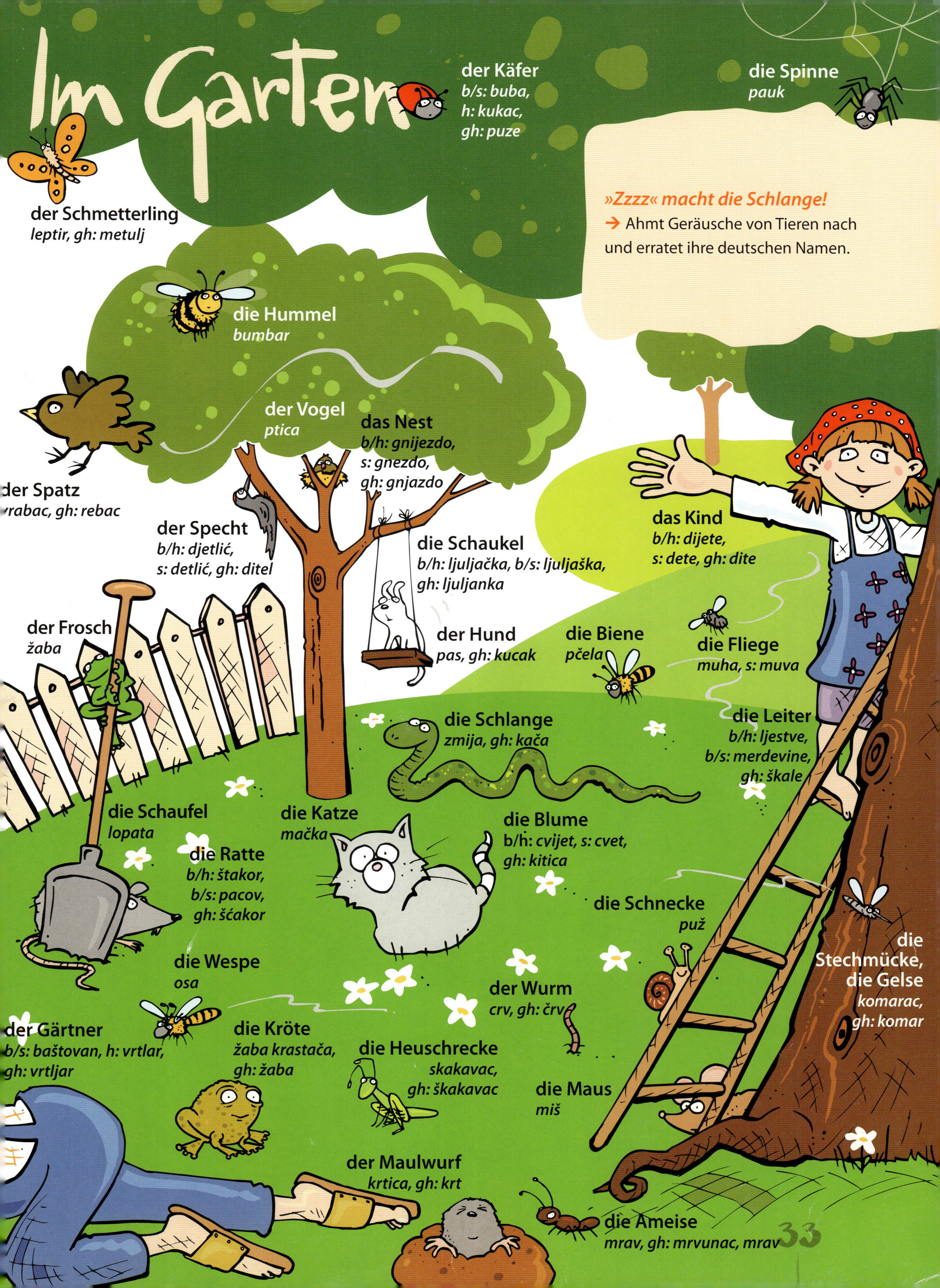

Im Garten
der Käfer
b/s: buba,
h: kukac,
gh: puze
die Spinne
pauk
der Schmetterling
leptir, gh: metulj
»Zzzz« macht die Schlange!
→ Ahmt Geräusche von Tieren nach und erratet ihre deutschen Namen.
die Hummel
bumbar
der Vogel
ptica
das Nest
b/h: gnijezdo,
s: gnezdo,
gh: gnjazdo
der Spatz
rabac, gh: rebac
der Specht
b/h: djetlić,
s: detlić, gh: ditel
die Schaukel
b/h: ljuljačka, b/s: ljuljaška,
gh: ljuljanka
das Kind
b/h: dijete,
s: dete, gh: dite
der Frosch
žaba
der Hund
pas, gh: kucak
die Biene
pčela
die Fliege
muha, s: muva
die Schlange
zmija, gh: kača
die Leiter
b/h: ljestve,
b/s: merdevine,
gh: škale
die Schaufel
lopata
die Katze
mačka
die Blume
b/h: cvijet, s: cvet,
gh: kitica
die Ratte
b/h: štakor,
b/s: pacov,
gh: šćakor
die Schnecke
puž
die Wespe
osa
die Stechmücke,
die Gelse
komarac,
gh: komar
der Wurm
crv, gh: črv
der Gärtner
b/s: baštovan, h: vrtlar,
gh: vrtljar
die Kröte
žaba krastača,
gh: žaba
die Heuschrecke
skakavac,
gh: škakavac
die Maus
miš
der Maulwurf
krtica, gh: krt
die Ameise
mrav, gh: mrvunac, mrav

Tätigkeiten

Wer errät die deutschen Ausdrücke?

→ Stellt abwechselnd eine Tätigkeit dar.

küssen
poljubiti,
gh: kušnuti
rufen
zvati,
gh: kričati, vikati
werfen
bacati,
gh: hitati
springen
skočiti
fangen
hvatati, uhvatiti,
gh: loviti, uloviti
reden
govoriti, razgovarati
umdrehen
okrenuti se,
gh: obrnuti se
stellen
staviti,
gh: postaviti
schauen
gledati
zeichnen
crtati, nacrtati
hören
čuti
spielen
igrati se
pfeifen
b/s: zviždati,
h/gh: fućkati
halten
držati
tragen
nositi
lächeln
b/h: smiješiti se,
nasmiješiti se,
s: smešiti se, nasmešiti se,
gh: smišiti se, nasmišiti se
ziehen
vući,
gh: vlići
streiten
svađati se,
gh: svađati se,
vaditi se
riechen
mirisati, njušiti,
gh: dušati
stinken
b/h: smrdjeti, s: smrdeti
gh: smrditi, vonjati
sitzen
b/h: sjediti,
s: sedeti,
gh: siditi
weinen
plakati,
gh: plakati se
liegen
ležati
schlafen
spavati,
gh: spati
arbeiten
raditi,
gh: djelati, raditi
ausrutschen
okliznuti se,
gh: pofuznuti se
rollen
b/s: rolati se,
h: koturati se,
gh: takati se
kehren
mesti
knien
klečati
waschen
prati

Auf dem Bauernhof

Eine Katze, zwei Katzen, drei Katzen …

→ Zähle die abgebildeten Tiere – aber bitte in Deutsch.

Unterwegs

der Ballon
balon
das Ufo
NLO, gh: ufo
der Rauch
dim
der Hubschrauber
helikopter
die Fahne
zastava
das Kanu
kanu
das Schiff
brod
das Motorboot
motorni čamac
das Meer
more, gh: morje
die Fußgängerin
b/h: pješak, s: pešak, gh: pišak
das Skateboard
b/s: skejtbord, h/gh: skateboard
die Straße
cesta, put
der Lastwagen
b/s: teretna kola, h/gh: teretnjak
das Auto
automobil, auto, gh: auto
das Motorrad
motor, gh: motorni bicikl
die Straßenbahn
tramvaj
der Kinderwagen
b/h: dječja kolica, s: dečija kolica, gh: dičja kolca
die U-Bahn
b/h: podzemna željeznica, s: podzemna železnica, gh: podzemni vlak

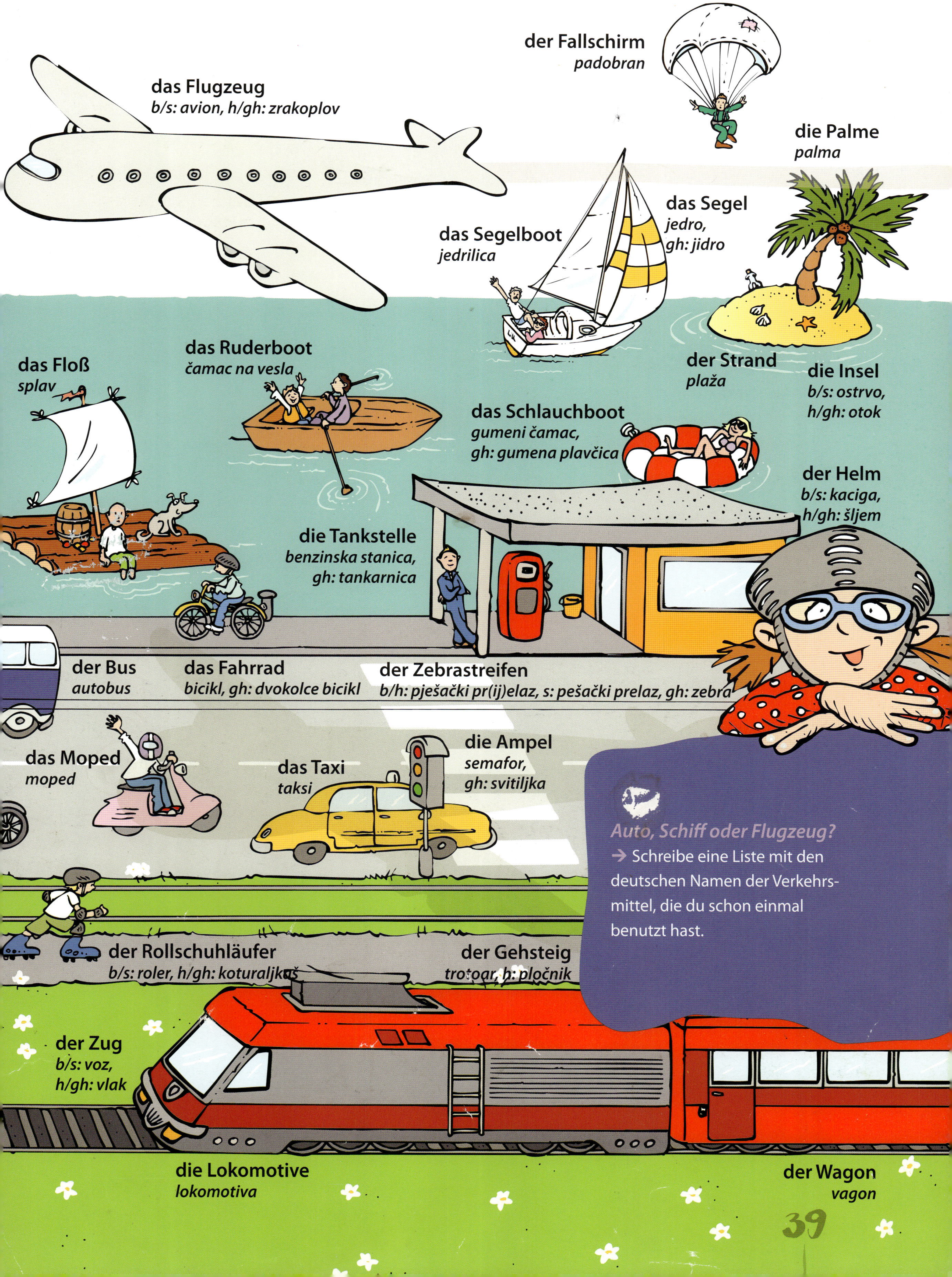

Auto, Schiff oder Flugzeug?

→ Schreibe eine Liste mit den deutschen Namen der Verkehrsmittel, die du schon einmal benutzt hast.

Gegensätze

dunkel
mračno, gh: škuro
dünn
tanak
dick
debeo
arm
siromašan, jadan, gh: siromašak
reich
bogato
einfach
jednostavno, gh: prosto
schwierig
teško, gh: težak
gut
dobro, gh: dobar
böse
b/s: zao, h/gh: zao, zločest
links
b/h: lijevo, s: levo, gh: livo
rechts
desno, gh: desno, pravc
groß
velik
klein
mali
lang
dug, gh: dužičak
kurz
kratko
offen
otvoreno, gh: otprto
leicht
lagan, gh: lagak
schwer
težak
müde
umoran, gh: trudan
männlich
muško
laut
glasn

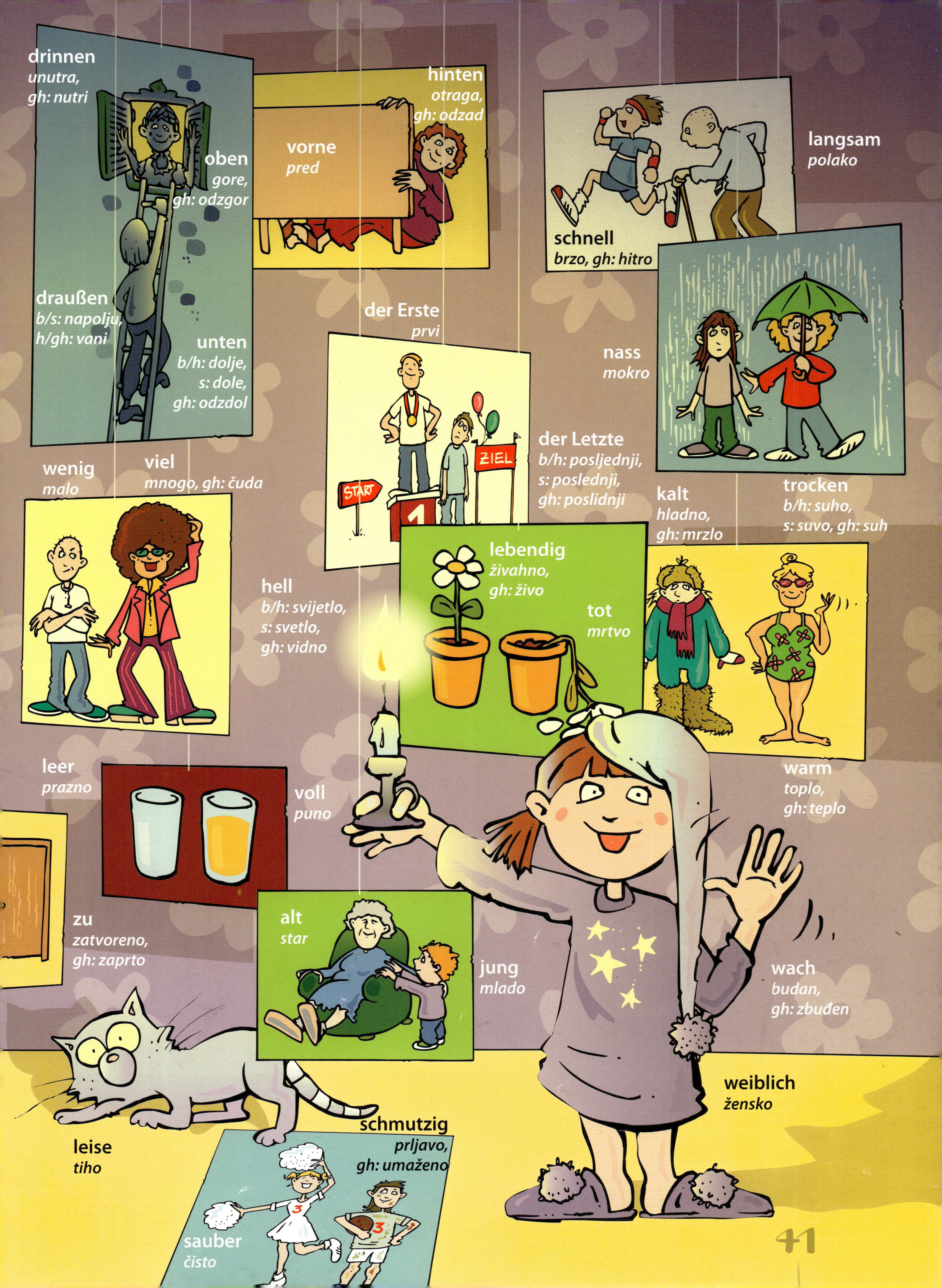
drinnen
unutra,
gh: nutri
oben
gore,
gh: odzgor
draußen
b/s: napolju,
h/gh: vani
unten
b/h: dolje,
s: dole,
gh: odzdol
vorne
pred
hinten
otraga,
gh: odzad
langsam
polako
schnell
brzo, gh: hitro
der Erste
prvi
START
ZIEL
der Letzte
b/h: posljednji,
s: poslednji,
gh: poslidnji
nass
mokro
trocken
b/h: suho,
s: suvo, gh: suh
kalt
hladno,
gh: mrzlo
wenig
malo
viel
mnogo, gh: čuda
hell
b/h: svijetlo,
s: svetlo,
gh: vidno
lebendig
živahno,
gh: živo
tot
mrtvo
warm
toplo,
gh: teplo
leer
prazno
voll
puno
zu
zatvoreno,
gh: zaprto
alt
star
jung
mlado
wach
budan,
gh: zbuđen
weiblich
žensko
leise
tiho
schmutzig
prljavo,
gh: umaženo
sauber
čisto

Wörterverzeichnis

a

Abend, *der*	*veče, večer*	15
Abendessen, *das*	*večera, vičera*	29
Abstellraum, *der*	*ostava, spremnica, špajz, smočnica*	11
Abwasch, *die*	*sudopera, sudoper*	11
acht	*osam*	14
achtzehn	*osamnaest*	14
achtzig	*osamdeset*	14
Acker, *der*	*njiva, polje*	37
alt	*star*	41
Ameise, *die*	*mrav, mrvunac*	33
Ampel, *die*	*semafor, svitiljka*	39
Ananas, *die*	*ananas*	24
Andenken, *das*	*suvenir, uspomena, spominak*	7
ängstlich	*plašljivo, bojažljivo, strašljivo*	19
Anhänger, *der*	*prikolica*	37
Anorak, *der*	*vjetrovka, vindjakna, anorak*	13
Apfel, *der*	*jabuka*	24
Aprikose, *die*	*kajsija, marelica, maruljica*	24
April, *der*	*april, travanj*	16
arbeiten	*raditi, djelati*	35
Arbeiter, *der*	*radnik, djelač*	8
Arm, *der*	*ruka*	6
arm	*siromašan, jadan, siromašak*	40
Armbanduhr, *die*	*ručni sat, ručne ure*	20
Armreif, *der*	*narukvica*	13
Artischocke, *die*	*artičoka*	25
Arzt, *der*	*ljekar, liječnik, lekar, vračitelj*	32
Aster, *die*	*lijepa kata, bela rada, astra*	17
Auge, *das*	*oko*	6
August, *der*	*august, kolovoz, avgust, augustuš*	16
ausrutschen	*okliznuti se, pofuznuti se*	35
Auto, *das*	*automobil, auto*	38
Avocado, *die*	*avokado, avocado*	24

b

Bäcker, *der*	*pekar, pek*	32
Backrohr, *das*	*rerna, pećnica, redlja*	11
Badeanzug, *der*	*kupaći kostim, pratež za kupanje*	12
Badehose, *die*	*kupaće gaćice*	12
baden	*kupati se*	30
Badewanne, *die*	*kada*	10
Badezimmer, *das*	*kupatilo, kupaonica*	10
Balkon, *der*	*balkon*	8
Ball, *der*	*lopta, labda*	23
Ballon, *der*	*balon*	38
Banane, *die*	*banana*	25
basteln	*napraviti, sam izdjelati*	30
Bauch, *der*	*trbuh*	6
Bauer, *der*	*seljak*	37
Bäuerin, *die*	*seljanka, seljakinja*	37
Bauernhaus, *das*	*seoska kuća, seljački stan*	37
Bauernhof, *der*	*seosko imanje, seljačko imanje*	36
Baum, *der*	*drvo, stablo*	8
Baustein, *der*	*kockica*	23
Bein, *das*	*noga*	6
beißen	*gristi*	34
Bekleidung, *die*	*odjeća, odeća, oprava*	12
bellen	*lajati*	34
Berg, *der*	*brijeg, breg, brig*	8
Beruf, *der*	*zanimanje, zvanje*	32
Besen, *der*	*metla*	11
Bett, *das*	*krevet, postelja, stelja*	9
bewölkt	*oblačno*	16
BH, *der*	*grudnjak*	12
Biene, *die*	*pčela*	33
Bikini, *der*	*bikini*	13
Bild, *das*	*slika, kip*	9
Bilderbuch, *das*	*slikovnica*	23
Birne, *die*	*kruška, hruška*	24
blau	*plavo*	14
Bleistift, *der*	*olovka*	21
Blitz, *der*	*munja, strijela*	17
Blume, *die*	*cvijet, cvet, kitica*	33
Blumenstrauß, *der*	*buket cvijeća, buket cveća, buket kitic*	9
Bohne, *die* **grüne**	*buranija, mahunem, boranija, fržon*	25
böse	*zao, zločest*	40
Braten, *der*	*pečenje*	28
braun	*smeđe, kafecko*	14
Braut, *die*	*mlada, zaručnja*	7
Bräutigam, *der*	*mladoženja, zaručnjak*	7
Briefträger, *der*	*poštar*	32
Brille, *die*	*naočare, naočale, očalji*	13
Broccoli, *der*	*brokoli*	24
Brombeere, *die*	*kupina*	26
Brot, *das*	*hljeb, kruh, hleb*	29
Brot, *das* **belegte**	*sendvič*	29
Bruder, *der*	*brat*	7
Brust, *die*	*grudi, prsa, prsi*	6
Bub, *der*	*dječak, dečak, dičak*	6
Buch, *das*	*knjiga*	21
Buntstift, *der*	*olovka u boji, bojica, šara olovka*	21
Bürste, *die*	*četka, šćetica, kefa*	10
Bus, *der*	*autobus*	39
Butter, *die*	*maslac, putor*	28
Buttermilch, *die*	*mlaćenica, stepke, maslac-mlijeko*	26

c

CD, *die*	*kompaktni disk, CD*	9
CD-Player, *der*	*CD-player, CD plejer*	9
Chauffeur, *der*	*vozač*	32
Comic, *das*	*strip, comic*	23
Computer, *der*	*kompjuter, kompjutor*	23
Computerspiel, *das*	*kompjuterska igra, kompjutorska igrica, kompjutorska igra*	23
Cousin/e, *der/die*	*rođak, rodica, bratić, sestrična, brat od strica ili tetke, sestra od strica ili tetke*	7
Creme, *die*	*krema, krem*	10

d

Dach, *das*	*krov*	8
Dachboden, *der*	*tavan, pod*	8
Dachrinne, *die*	*oluk, žlijeb na krovum, žlib*	8
Daumen, *der*	*palac*	6
Decke, *die*	*pokrivač*	8
Decke, *die*	*plafon, strop*	9
Deckel, *der*	*poklopac*	11
Dezember, *der*	*decembar, prosinac*	17
dick	*debeo*	40
Dienstag, *der*	*utorak*	15
Direktor, *der*	*direktor, ravnatelj*	
Direktorin, *die*	*direktorica, ravnateljica, direktorka*	20
Donner, *der*	*grmljavina*	16
Donnerstag, *der*	*četvrtak, čettrtak*	15
Dorf, *das*	*selo*	8
Dose, *die*	*doza, kutija*	27
Drache, *der*	*zmaj, pozoj*	22
Drachen, *der*	*leteći zmaj, papirni pozoj*	23
draußen	*napolju, vani*	41
drehen	*okretati se, obraćati se*	34
drei	*tri*	14
dreieckig	*trokutast, trouglast*	14
dreißig	*trideset*	14
dreizehn	*trinaest*	14
drinnen	*unutra, nutri*	41
dunkel	*mračno, škuro*	40
dünn	*tanak*	40
durstig	*žedan, žajan*	29
Dusche, *die*	*tuš*	10

e

Ei, *das* **weiche**	*meko kuhano jaje, jaje na meki*	28
Eierspeise, *die*	*kajgana, spraženo / frigano jaje*	28
Eigenschaft, *die*	*osobina, svojstvo, osebina*	18
einfach	*jednostavno, prosto*	40
Eingang, *der*	*ulaz*	8
Einkaufen, *das*	*kupovina , kupovanje*	24
Einkaufstasche, *die*	*tašna za kupovinu, torba za kupovanje*	25
eins	*jedan*	14
Eis, *das*	*led, sladoled*	16|29
eisig	*ledeno*	16
eislaufen	*klizati se, fuzati se*	31
Eiswürfel, *der*	*kockica leda*	29
eitel	*sujetno, tašto, oholo*	19
elf	*jedanaest, jedinaest*	14
Ellbogen, *der*	*lakat*	6
Ente, *die*	*patka, raca*	37
Erbse, *die*	*grašak, grah*	25
Erdapfel, *der*	*krompir, krumpir, krumplj*	25
Erdäpfelpüree, *das*	*pire od krompira, pire od krumpira, krumpljski pire*	28
Erdbeere, *die*	*jagoda*	26
Erdgeschoß, *das*	*prizemlje*	8
Erdnuss, *die*	*kikiriki, šanti orih*	25
erstaunt	*začuđeno, začudjeno*	18
Erste, *der/die*	*prvi*	41
Esel, *der*	*magarac, oslica*	37
essen	*jesti, pojesti, jisti, pojisti*	34
Essig, *der*	*sirće, ocat*	27
Esszimmer, *das*	*trpezarija, blagovaonica*	9

f

Fahne, *die*	*zastava*	38
fahren	*voziti*	34
Fahrrad, *das*	*bicikl, dvokolce bicikl*	39
fallen	*padati*	34
Fallschirm, *der*	*padobran*	39

Familie, *die*	*porodica, obitelj*	7
fangen	*hvatati, uhvatiti, loviti, uloviti*	35
Farbe, *die*	*boja, farba*	14
Faschierte, *das*	*mljeveno meso, faširano meso*	26
Faschingskrapfen, *der*	*krafna, frita, groflj*	29
faul	*lijeno, leno*	19
faulenzen	*ljenčariti, lenčariti, lijeniti se*	31
Fäustling, *der*	*rukavica s jednim prstom, rukavica sa jednim prstom*	13
Februar, *der*	*februar, veljača*	16
Federschachtel, *die*	*pernica*	21
Fee, *die*	*vila*	22
Feld, *das*	*polje, lapat*	37
Fenchel, *der*	*komorač, kopar, paprišić*	24
Fenster, *das*	*prozor, oblok*	9
Ferien, *die*	*raspust, školski praznici, školski prazniki*	15
Ferkel, *das*	*prase*	37
fernsehen	*gledati televiziju*	31
Fernseher, *der*	*televizor*	9
Ferse, *die*	*peta*	6
Filzstift, *der*	*flomaster*	21
Finger, *der* **kleine**	*mali prst*	6
Finger, *der*	*prst*	6
Fisch, *der*	*riba*	26
Fisole, *die*	*buranija, mahunem, boranija, fržon*	25
Flasche, *die*	*flaša, boca, floša*	27
Fleisch, *das*	*meso*	27
Fleischer, *der*	*mesar*	32
Fleischhauer, *der*	*mesar*	32
Fliege, *die*	*muha, muva*	33
fliegen	*letjeti, leteti, letiti*	34
Floß, *das*	*splav*	39
Flugzeug, *das*	*avion, zrakoplov*	39
Fohlen, *das*	*ždrijebe, ždrebe, ždribe*	36
Fön, *der*	*fen, sušilo za kosu*	10
Form, *die*	*oblik*	14
Fotoalbum, *das*	*album za fotografije*	9
fotografieren	*fotografirati, fotografisati*	31
Frau, *die*	*žena*	6
Freitag, *der*	*petak*	15
Freizeit, *die*	*slobodno vrijeme, slobodno vreme, slobodno vrime*	30
Freunde, *die*	*prijatelji , tovaruši*	21
Freunde treffen	*sastati se sa prijateljima, sastati se s prijateljima, prijatelje strefiti*	31
freundlich	*ljubazno, ljubezno*	19
Frisör, *der*	*frizer*	32
Frisur, *die*	*frizura*	6
Frosch, *der*	*žaba*	33
Frühling, *der*	*proljeće, proleće, protuliće*	17
Frühstück, *das*	*doručak, zajutrak, ručenje*	28
Fuchs, *der*	*lisica, lesica*	36
Füllfeder, *die*	*nalivpero*	21
fünf	*pet*	14
fünfzehn	*petnaest*	14
fünfzig	*pedeset*	14
Fuß, *der*	*stopalo, noga*	6
Fußball spielen	*igrati nogomet, igrati fudbal*	38
Fußboden, *der*	*pod, tlo*	8
Fußgänger/in, *der/die*	*pješak, pešak, pišak*	38
Futterschüssel, *die*	*posuda za hranu, zdjelica za hranu*	11

g

Gabel, *die*	*viljuška, vilice*	11
Gans, *die*	*guska*	36
Garage, *die*	*garaža, garaž*	8
Garten, *der*	*bašta, vrt*	8|33
Gärtner, *der*	*baštovan, vrtlar, vrtljar*	33
Gebäck, *das*	*pecivo*	28
Geburtstag, *der*	*rođendan, rodjendan*	7
geduldig	*strpljivo*	18
gefährlich	*opasno, pogibelno*	18
Gefühl, *das*	*osjećaj, osećaj, ćut*	18
Gegensatz, *der*	*suprotnost, suprotivnost*	40
gehen	*ići, hoditi*	34
Gehsteig, *der*	*trotoar, pločnik*	38
Geist, *der*	*duh*	22
gelb	*žuto*	14
Geld, *das*	*novac, pinez*	26
Geldbörse, *die*	*novčanik, mošnja*	26
Gelse, *die*	*komarac, komar*	33
Gemüse, *das*	*povrće*	28
Geschenk, *das*	*poklon, dar*	7
Geschirrspüler, *der*	*mašina za pranje suđa, perilica suđa, mašina za pranje sudova, Stroj za pranje sudja*	11
Geschirrtuch, *das*	*krpa za brisanje, krpa za utrti*	10
Gesicht, *das*	*lice, obraz*	6
Getränk, *das*	*piće, pilo*	28
Gewitter, *das*	*oluja, nevrime*	16
gewittrig	*olujno, nevrime je*	16
Gewürze, *die*	*začini*	27
Gießkanne, *die*	*kanta za zalivanje, kanta za zalijevanje, kanta za poljivanje*	32
Glas, *das*	*čaša, staklo*	11
Globus, *der*	*globus*	21
Glockenblume, *die*	*zvončić, zvončac*	17
glücklich	*sretno, srećno, srićno*	18
Glühbirne, *die*	*sijalica, žarulja, kruška*	9
Grapefruit, *die*	*grejpfrut, grapefruit*	25
grau	*sivo, suro*	14
groß	*velik*	40
Großmutter, *die*	*baka, staramati*	7
Großvater, *der*	*djed, deda, stariotac*	7
grün	*zeleno*	14
Gurke, *die*	*krastavac, ugorak*	24
Gurkerl, *das*	*kiseli krastavac, kiseli ugorak*	29
Gürtel, *der*	*kajiš, pojas, pas*	13
gut	*dobro, dobar*	40

h

Haar, *das*	*dlaka, kosa, vlasi*	6
Haarschwanz, *der*	*rep*	6
Hackfleisch, *das*	*mljeveno meso, faširano meso*	26
Häferl, *das*	*šolja, šalica, lončić*	11
Hahn, *der*	*pijetao, petao, petelj*	37
Hals, *der*	*vrat*	6
halten	*držati*	35
Hand, *die*	*ruka*	6
Handschuh, *der*	*rukavica*	13
Handtuch, *das*	*peškir, ručnik*	10
Handy, *das*	*mobitel, mobilni telefon, handy*	9
Haselnuss, *die*	*lješnjak, lešnik, lišnjak*	25
Hauptspeise, *die*	*glavno jelo, glavno jilo*	28
Haus, *das*	*kuća, stan*	8
Hausschuh, *der*	*papuča*	12
Haustier, *das*	*kućni ljubimac, domaća živina*	7
Heft, *das*	*sveska, bilježnica, pisanka*	20
Heidelbeere, *die*	*borovnica*	26
heiß	*vruć*	17
Heizkörper, *der*	*radijator*	9
hell	*svijetlo, svetlo, vidno*	41
Helm, *der*	*kaciga, šljem*	39
Hemd, *das*	*košulja*	12
Herbst, *der*	*jesen*	17
Herd, *der*	*šporet, štednjak*	11
Heu, *das*	*sijeno, seno*	36
Heuschrecke, *die*	*skakavac, škakavac*	33
Hexe, *die*	*vještica, veštica, viška*	22
Himbeere, *die*	*malina*	26
hinten	*otraga, odzad*	41
Hirsch, *der*	*jelen*	37
Hitze, *die*	*vrućina*	17
Hocker, *der*	*stoličica, stolčac*	10
höflich	*pristojno, uljudan*	19
Honig, *der*	*med*	28
Honigmelone, *die*	*medna dinja, dinja*	24
hören	*čuti*	35
Hose, *die*	*hlače, pantalone*	12
Hose, *die* **kurze**	*kratke hlače, kratke pantalone, kratke plundre*	12
Hubschrauber, *der*	*helikopter*	38
Hügel, *der*	*brežuljak, brižić*	8
Huhn, *das*	*kokoš, kokoška*	26|36
Hummel, *die*	*bumbar*	33
Hund, *der*	*pas, kucak*	33|36
Hundehütte, *die*	*pasja kućica, kucinja hutica*	36
hundert	*sto*	14
hunderttausend	*sto hiljada, sto tisuća, sto tisuć*	14
hungrig	*gladan*	28

i

Igel, *der*	*jež*	36
Insel, *die*	*ostrvo, otok*	39

j

Jacke, *die*	*jakna, janklj*	12
Jahr, *das*	*godina, ljetko*	16
Jänner, *der*	*januar, siječanj*	16
Jean, *die*	*farmerke, traperice, jeansi*	12
Joghurt, *das*	*jogurt*	26
Johannisbeere, *die*	*ribizla, ribiz, ribizl*	26
Journalist/in, *der/die*	*novinar, novinarka*	32
Juli, *der*	*juli, srpanj*	16
jung	*mlado*	41
Junge, *der*	*dječak, dečak, dičak*	6
Juni, *der*	*juni, lipanj*	16

k

Käfer, *der*	*buba, kukac, puze*	33
Kaffee, *der*	*kahva, kafa, kava, kafe*	28
Kakao, *der*	*kakao*	28
Kalb, *das*	*tele*	37
Kalender, *der*	*kalendar*	37
kalt	*hladno, mrzlo*	41
Kamm, *der*	*češalj*	10
Kaninchen, *das*	*kunić*	36
Kanu, *das*	*kanu*	38
Kappe, *die*	*kapa*	12

Karfiol, *der*	*karfiol, cvjetača*	25
Karotte, *die*	*mrkva, šargarepa*	24
Karten spielen	*igranje karata, kartanje, hartati se*	31
Kartoffel, *die*	*krompir, krumpir, krumplj*	25
Kartoffelpüree, *das*	*pire od krompira, pire od krumpira, krumpljski pire*	28
Käse, *der*	*sir*	29
Kassa, *die*	*blagajna, kasa*	27
Kasten, *der*	*ormar*	9
Katze, *die*	*mačka*	7|33|37
kehren	*mesti*	35
Keks, *das*	*keks*	29
Keller, *der*	*podrum, pivnica*	8
Kellner/in, *der/die*	*konobar, konobarica*	32
Kerze, *die*	*svijeća, sveća, svića*	9
Kette, *die*	*lanac*	13
Kind, *das*	*dijete, dete, dite*	33
Kinderwagen, *der*	*dječja kolica, dečija kolica, dičja kolca*	38
Kinn, *das*	*brada*	6
Kino, *das*	*kino, bioskop*	15
Kipfe(r)l, *das*	*kifla, slanac, roščić, rogac*	28
Kirsche, *die*	*trešnja, č(e)rišnja*	24
Kiwi, *die*	*kivi*	25
Klasse, *die*	*razred*	20
Klassenzimmer, *das*	*učionica, školski razred*	21
kleben	*lijepiti, lepiti, lipiti*	20
Klebstoff, *der*	*ljepilo, lepilo, lipilo*	21
Kleid, *das*	*haljina, pratež*	12
Kleiderbügel, *der*	*vješalica, vešalica, višalica*	11
klein	*mali*	40
klettern	*penjati se, plazniti*	31|34
Klopapier, *das*	*toaletni papir, WC-papir*	11
Kloß, *der*	*knedla, okruglica, gubonac*	28
klug	*pametan, spametan*	18
Knie, *das*	*koljeno, koleno*	6
knien	*klečati*	35
Knoblauch, *der*	*bijeli luk, češnjak, beli luk, česan*	24
Knödel, *der*	*knedla, okruglica, gubonac*	28
Koch, *der*	*kuhar, kuvar*	32
kochen	*kuhati, kuvati*	30
Koffer, *der*	*kofer, kovčeg*	13
Kohl, *der*	*kupus, kelj*	25
Kokosnuss, *die*	*kokosov orah, kokosov orih*	25
König, *der*	*kralj*	22
Königin, *die*	*kraljica*	22
Kopf, *der*	*glava*	6
Korb, *der*	*korpa, košara*	27
Körper, *der*	*tijelo, telo*	6
Krankenschwester, *die*	*medicinska sestra, bolničarka*	32
Kräuter, *die*	*začinsko bilje, trave*	10|27
Kreide, *die*	*kreda*	21
Krokus, *der*	*šafran, krokus*	17
Kröte, *die*	*žaba krastača, žaba*	33
Krug, *der*	*bokal, vrč*	11
Kübel, *der*	*kabao, kofa, kanta*	11
Küche, *die*	*kuhinja*	11
Kuchen, *der*	*kolač*	29
Kugelschreiber, *der*	*hemijska olovka, kemijska olovka, kuli*	21
Kuh, *die*	*krava*	37
Kühlschrank, *der*	*frižider, hladnjak, hladilnik*	10
Küken, *das*	*pile, pilence, piple*	36
Kukuruz, *der*	*kukuruz, kukorica*	25
Kunde/Kundin, *der/die*	*mušterija, mušterija, redovit kupac, kupac*	32
Künstler/in, *der/die*	*umjetnik, umetnik, umjetnica*	32
Kürbis, *der*	*bundeva, tikva*	17|25
kurz	*kratko*	40
küssen	*poljubiti, kušnuti*	35

Kutsche, *die*	*kočija, koles*	22
Kutscher, *der*	*kočijaš, kučiš*	22

l

lächeln	*smiješiti se, nasmiješiti se, smešiti se, nasmešiti se, smišiti se, nasmišiti se*	35
lachen	*smijati se, smejati se*	34
Lampe, *die*	*svjetiljka, svetiljka, svitiljka*	10
Landkarte, *die*	*geografska karta, zemljopisna karta*	21
lang	*dug, dužičak*	40
langsam	*polako*	41
Lastwagen, *der*	*teretna kola, teretnjak*	38
Lauch, *der*	*prasa, poriluk, praziluk*	25
laufen	*trčati, otrčati, bižati*	34
laut	*glasno*	40
lebendig	*živahno, živo*	41
leer	*prazno*	41
Lehrer/in, *der/die*	*učitelj, učiteljica, nastavnik, nastavnica*	20
Leibwächter, *der*	*tjelohranitelj, telohranitelj*	32
leicht	*lagan, lagak*	40
leise	*tiho*	41
Leiter, *die*	*ljestve, merdevine, škale*	33
lernen	*učiti, učiti se*	21
lesen	*čitati, štati*	21
Letzte, *der/die*	*posljednji, poslednji, poslidnji*	41
lieb	*drago*	19
Lieferwagen, *der*	*dostavno vozilo, auto za lifranje*	8
liegen	*ležati*	35
lila	*ljubičasto, lilacko*	14
Lilie, *die*	*liljan, krin, lilija*	17
Lineal, *das*	*lenjir, ravnalo*	20
Linie, *die*	*linija, crta, red*	14
links	*lijevo, levo, livo*	40
Lippe, *die*	*usna, usnica*	6
Löffel, *der*	*kašika, žlica*	11
Lokomotive, *die*	*lokomotiva*	39
Lupe, *die*	*povećalo, lupa*	6
lustig	*veselo*	18
Lutscher, *der*	*lizalica, lizalo, flakalo*	26

m

Mädchen, *das*	*djevojčica, devojčica, divičica*	6
Mai, *der*	*maj, svibanj*	16
Mais, *der*	*kukuruz, kukorica*	25
Malbuch, *das*	*crtanka, bojanka, slikovnica za farbanje*	23
malen	*slikati, moljati*	20|30
Malkasten, *der*	*kutija za boje, škrablja za farbe*	21
Mandarine, *die*	*mandarina*	25
Mandel, *die*	*badem, mandula*	25
Mann, *der*	*muškarac, muž*	6
männlich	*muško*	40
Mantel, *der*	*kaput, jupa*	12
Mappe, *die*	*fascikla, mapa*	20
Märchen, *das*	*bajka, povidajka*	22
Märchenbuch, *das*	*knjiga bajki, knjiga povidajkov*	23
Margarine, *die*	*margarin*	29
Marille, *die*	*kajsija, marelica, maruljica*	24
Marmelade, *die*	*marmelada, marmelad*	29
März, *der*	*mart, ožujak, marcijuš*	16
Maßband, *das*	*krojački metar*	14
Maulwurf, *der*	*krtica, krt*	33
Maus, *die*	*miš*	33
Mechaniker/in, *der/die*	*mehaničar, mehaničarka*	32
Meer, *das*	*more, morje*	38
Melanzani, *die*	*plavi patlidžan, melancani*	25
Messer, *das*	*nož*	11
Mikrowelle, *die*	*mikrovalna pećnica*	11
Milch, *die*	*mlijeko, mleko, mliko*	28
mild	*blago*	16
Million, *die*	*milion, milijun*	14
Mistel, *die*	*imela, lepak*	17
Misthaufen, *der*	*gomila, đubrište*	36
Mistkübel, *der*	*kanta za smeće, kanta za smetlje*	21
Mistschaufel, *die*	*lopatica za smeće, lopatica za smetlje*	11
Mittag, *der*	*podne*	15
Mittelfinger, *der*	*srednji prst, sridnji prst*	6
Mittwoch, *der*	*srijeda, sreda*	15
Mond, *der*	*mjesec, mesec, misec*	16
Montag, *der*	*ponedjeljak, pandiljak, ponedeljak*	15
Moped, *das*	*moped*	39
Morgen, *der*	*jutro*	15
Motorboot, *das*	*motorni čamac*	38
Motorrad, *das*	*motor, motorni bicikl*	38
müde	*umoran, trudan*	19|40
Mund, *der*	*usta*	6
Murmel, *die*	*kliker, špekula, kugljice*	23
musizieren	*svirati, igrati na inštrumentu*	31
Müsli, *das*	*musli, müsli*	28
mutig	*hrabro, srčeno*	18
Mutter, *die*	*majka, mati, mama*	7
Mütze, *die*	*kapa*	13

n

Nachmittag, *der*	*popodne, otpodne*	15
Nachspeise, *die*	*dezert, desert*	29
Nacht, *die*	*noć*	15
Nachthemd, *das*	*spavaćica, noćna košulja*	12
Nachtkästchen, *das*	*noćni ormarić*	9
nähen	*šiti, sašiti, ušiti*	30
Narzisse, *die*	*narcis, narcisa*	17
Nase, *die*	*nos*	6
nass	*mokro*	41
Nebel, *der*	*magla*	16
neblig	*maglovito, magleno*	16
Neffe, *der*	*nećak*	7
neidisch	*zavidan, nenavidan*	19
Nest, *das*	*gnijezdo, gnezdo, gnjazdo*	33
neugierig	*radoznalo, znatiželjno*	18
neun	*devet*	14
neunzehn	*devetnaest*	14
neunzig	*devedeset*	14
Nichte, *die*	*nećakinja*	7
November, *der*	*novembar, studeni*	17
Nudel, *die*	*rezanac, rizanac*	27
null	*nula*	14

o

oben	*gore, odzgor*	41
Oberschenkel, *der*	*bedro, butina, stegno*	6

Obstsalat, *der*	*voćna salata*	29
offen	*otvoreno, otprto*	40
Ohr, *das*	*uho, uvo*	6
Oktober, *der*	*oktobar, listopad*	17
Öl, *das*	*ulje*	27
Olive, *die*	*maslina, oliva*	27
Oma, *die*	*baka, staramajka*	7
Onkel, *der*	*stric, ujak*	7
Opa, *der*	*dedo, djed, deda, stariotac*	7
Orange, *die*	*narandža, naranča, pomorandža, oranča*	24
orange	*narandžast, narančast, orančast*	14
Orangenmarmelade, *die*	*marmelada od naranče, marmelada od narandže, narančov marmelad*	28
Orangensaft, *der*	*sok od narandže, sok od naranče, orandžada*	28

p

Paket, *das*	*paket*	8
Palatschinke, *die*	*palačinka*	29
Palme, *die*	*palma*	39
Papierkorb, *der*	*koš za papir, košara za papir*	21
Paprika, *der*	*paprika*	25
Paradeiser, *der*	*paradajz, rajčica, paradajska*	25
Parfum, *das*	*parfem, dušalo*	10
Penis, *der*	*penis*	6
Pfanne, *die*	*tava, tiganj, presura*	11
Pfannkuchen, *der*	*palačinka*	29
Pfeffer, *der*	*biber, papar*	27
Pfefferoni, *der*	*ljuta papričica, feferoni*	24
pfeifen	*zviždati, fućkati*	35
Pferd, *das*	*konj*	36
Pfirsich, *der*	*breskva, briskva*	24
Pflanze, *die*	*biljka, raslina*	9
Pflaume, *die*	*šljiva, sliva*	24
Pilz, *der*	*gljiva, pečurka, vrganj*	17|24
Pinnwand, *die*	*pano*	21
Pinsel, *der*	*kičica, kist*	21
Pistazie, *die*	*pistać, pistacija*	25
Pizza, *die*	*pizza, pica*	28
Po, *der*	*stražnjica, zadnjica*	6
Polizist, *der*	*policajac, redarstvenik, žandar*	
Polizistin, *die*	*policistkinja, redarstvenica, policajka*	32
Polster, *der*	*jastuk, vankuš*	9
Popcorn, *das*	*kokice, popcorn*	25
Prinz, *der*	*princ, kraljević*	22
Prinzessin, *die*	*princeza*	22
Pudding, *der*	*puding*	29
Pullover, *der*	*pulover, džemper*	12
Punkt, *der*	*tačka, točka*	14
Puppe, *die*	*lutka*	23
Pyjama, *der*	*pidžama*	12

q

quadratisch	*četvrtasto, četvorno, kvadratno*	14
Quark, *der*	*svježi sir, mladi sir, sir*	26

r

Rad fahren	*voziti se biciklom, bicikljati se*	31
Radiergummi, *der*	*gumica za brisanje, brisalo*	21
Rahmen, *der*	*okvir*	9
Rasen, *der*	*travnjak , travnik, tratina*	8
Rasierer, *der*	*aparat za brijanje*	10
Rasierschaum, *der*	*pjena za brijanje, pena za brijanje, pina za brijanje*	10
Ratte, *die*	*štakor, pacov, ščakor*	33
Räuber, *der*	*razbojnik, pljačkaš*	22
Rauch, *der*	*dim*	38
Rauchfang, *der*	*dimnjak, rol*	8
rechnen	*računati*	20
Rechnung, *die*	*račun*	27
rechts	*desno, pravo*	40
reden	*govoriti, razgovarati*	35
Regal, *das*	*polica, regal*	11
Regen, *der*	*kiša, godina*	17
regnerisch	*kišovit, godinast*	17
Reh, *das*	*srna*	37
reich	*bogato*	40
Reis, *der*	*riža, pirinač*	26
reiten	*jahati*	30
Rennbahn, *die*	*trkaća staza, trkačka staza, trkališće*	23
Ribisel, *die*	*ribizla, ribiz, ribizl*	26
riechen	*mirisati, dušati, njušiti*	35
Riese, *der*	*div, gorostas, orijaš*	22
Ring, *der*	*prsten, prstanj*	13
Ringfinger, *der*	*prstenjak, domali prst*	6
Ritter, *der*	*vitez*	22
Roboter, *der*	*robot*	23
Rock, *der*	*suknja, haljica*	12
rodeln	*sankati se, sanjkati se*	31
rollen	*rolati se, koturati se, takati se*	35
Rollschuhläufer, *der*	*roler, koturaljkaš*	39
rosa	*ružičasto, rozecko*	14
Rose, *die*	*ruža, roža*	17
rot	*crveno, črljeno*	14
Rücken, *der*	*leđa, hrbat*	6
Ruderboot, *das*	*čamac na vesla*	39
rufen	*zvati, kričati, vikati*	35
rund	*okruglo, kruglo*	14

s

Saft, *der*	*sok*	29
Salat, *der*	*salata*	24|28
Salz, *das*	*so, sol*	27
sammeln	*skupljati, skupiti, pobirati, pobrati*	31
Samstag, *der*	*subota*	15
Sandale, *die*	*sandala*	13
satt	*sit*	29
sauber	*čisto*	41
Schaf, *das*	*ovca*	36
Schal, *der*	*šal*	13
Schale, *die*	*zdjela, činija*	9
schauen	*gledati*	35
Schaufel, *die*	*lopata*	33
Schaukel, *die*	*ljuljačka, ljuljaška, ljuljanka*	33
Schauspieler/in, *der/die*	*glumac, glumica*	32
Scheide, *die*	*rodnica, vagina*	6
Schere, *die*	*makaze, škare*	21
Scheune, *die*	*sjenik, senik, štagalj*	36
schieben	*gurati, rivati*	34
Schiff, *das*	*brod*	38
Schinken, *der*	*šunka*	29
schlafen	*spavati, spàti*	30|35
Schlafrock, *der*	*kućna haljina, jutarnja haljina*	13
Schlafzimmer, *das*	*spavaća soba, spavaonica*	9
Schlagobers, *das*	*tučeno slatko vrhnje, šlag*	26
Schlagsahne, *die*	*tučeno slatko vrhnje, šlag*	26
Schlange, *die*	*zmija, kača*	33
Schlauchboot, *das*	*gumeni čamac, gumena plavčica*	39
Schlecker, *der*	*lizalica, lizalo, flakalo*	26
Schloss, *das*	*dvorac, kaštel*	22
Schlüssel, *der*	*ključ*	11
Schmetterling, *der*	*leptir, metulj*	33
schmutzig	*prljavo, umaženo*	41
Schnecke, *die*	*puž*	33
Schnee, *der*	*snijeg, sneg, snig*	16
Schneeglöckchen, *das*	*visibaba, snižnica*	17
Schneerose, *die*	*kukurijek, kukurek, snižna roža*	17
schneiden	*sjeći, rezati, seći, rizati*	21
Schneider, *der*	*krojač*	32
schnell	*brzo, hitro*	41
Schokolade, *die*	*čokolada, čokolad*	26
schreiben	*pisati*	21
schreien	*derati se, vikati, drati se, kričati*	34
schüchtern	*stidljivo, plašljivo*	18
Schuh, *der*	*cipela*	13
Schule, *die*	*škola*	20
Schüler/in, *der/die*	*učenik, učenica, školar, školarica*	20
Schultasche, *die*	*školska torba, školska tašna*	20
Schulter, *die*	*rame, ramen*	6
Schwamm, *der*	*spužva, guba, špandija*	10
Schwammerl, *das*	*gljiva, pečurka, vrganj*	17|24
schwarz	*crno, črno*	14
Schwein, *das*	*svinja*	36
schwer	*težak*	40
Schwester, *die*	*sestra*	7
schwierig	*teško, težak*	40
Schwimmbecken, *das*	*bazen*	8
schwimmen	*plivati, pluti*	30
sechs	*šest*	14
sechzehn	*šesnaest*	14
sechzig	*šezdeset*	14
Segel, *das*	*jedro, jidro*	39
Segelboot, *das*	*jedrilica*	39
segeln	*jedriti*	30
Seife, *die*	*sapun*	10
Sellerie, *der*	*celer*	24
Semmel, *die*	*zemička, pecivo, žemlja*	28
Senf, *der*	*senf, gorušica, muštar*	27
September, *der*	*septembar, rujan*	17
Serviette, *die*	*salveta, ubrus, servijeta*	11
Shampoo, *das*	*šampon za kosu, šampo za vlase*	10
sieben	*sedam*	14
siebzehn	*sedamnaest*	14
siebzig	*sedamdeset*	14
singen	*pjevati, pevati, jačenje*	30
sitzen	*sjediti, sedeti, siditi*	35
Skateboard, *das*	*skejtbord, skateboard*	38
Ski fahren	*skijati, šijati se*	31
Socken, *der*	*čarapa, sokna*	13
Sofa, *das*	*sofa, divan, počivaljka, otoman*	9
Sohn, *der*	*sin*	7
Sommer, *der*	*ljeto, leto*	17
Sonne, *die*	*sunce*	16
Sonnenblume, *die*	*suncokret, sunčenica*	17
sonnig	*sunčano, sunčeno*	16
Sonntag, *der*	*nedjelja, nedelja, nedilja*	15
Spaghetti, *die*	*špageti, špagetiji*	28
Spargel, *der*	*šparoga, špargla, šparga*	25
Spatz, *der*	*vrabac, rebac*	33
spazieren gehen	*šetati (se)*	31
Specht, *der*	*djetlić, detlić, ditel*	33

Speise, *die*	*jelo, jilo*	28
Spiegel, *der*	*ogledalo, zrcalo*	10
Spiegelei, *das*	*jaje na oko*	28
spielen	*igrati se*	35
Spielzeug, *das*	*igračka*	23
Spielzeugeisenbahn, *die*	*željeznica kao igračka, železnica kao igračka vlak za igranje*	23
Spinat, *der*	*špinat, spanać*	24
Spinne, *die*	*pauk*	33
Spitzer, *der*	*mašinica za oštrenje, šiljilo, rezač, oštrilo*	21
Sport, *der*	*sport, šport*	30
springen	*skočiti*	35
Springschnur, *die*	*konopac za skakanje, užince za skakanje*	23
Stachelbeere, *die*	*ogrozd, ogrozlj*	26
Stadt, *die*	*grad, varoš*	8
Stall, *der*	*štala, staja*	36
Staubsauger, *der*	*usisivač, usisavač prašine, usisač praha*	11
Stechmücke, *die*	*komarac, komar*	33
Stechpalme, *die*	*bodljika, božikovina, bodljikava palma*	17
stehen	*stajati, stati*	34
stellen	*staviti, postaviti*	35
Stern, *der*	*zvijezda, zvezda*	16
Sternschnuppe, *die*	*zvijezda padalica, zvezda padalica*	17
sticken	*vesti, našiti*	30
Stiefel, *der*	*čizma, čižma*	13
Stiege, *die*	*stepenice, stube*	8
Stier, *der*	*bik*	37
stinken	*smrdjeti, smrdeti, smrditi, vonjati*	35
Stirn, *die*	*čelo*	6
Stock, *der* **erste**	*sprat, kat*	8
stolz	*ponosno, gizdavo*	18
Strand, *der*	*plaža*	39
Straße, *die*	*cesta, put*	38
Straßenbahn, *die*	*tramvaj*	38
streiten	*svađati se, vaditi se*	35
stricken	*plesti, štrikati*	30
Strumpfhose, *die*	*hulahopke, štrimfe ženske čarape s gaćicama*	13
Sturm, *der*	*oluja, vihor*	17
stürmisch	*olujno, zburkano*	17
Suppe, *die*	*supa, juha*	28
Süßigkeiten, *die*	*slatkiš, slatkiši, slatkarija, slatkarije*	26
Sweater, *der*	*džemper, pulover*	12

T

Tafel, *die*	*tabla, ploča*	20
Tag, *der*	*dan*	15
Tankstelle, *die*	*benzinska stanica, tankarnica*	39
Tante, *die*	*tetka, teta*	7
tanzen	*plesati, tancati*	30
Tapete, *die*	*tapeta*	10
Tasche, *die*	*torba, tašna*	13
Taschenrechner, *der*	*džepno računalo, digitron žepno računalo*	20
Tasse, *die*	*šolja, šalica, lončić*	11
Tätigkeit, *die*	*djelatnost, delatnost, poslovanje*	34
tauchen	*roniti*	30
tausend	*hiljada, tisuća, tisuć*	14
Taxi, *das*	*taksi*	39
Teddybär, *der*	*medo, meda, medvidić*	23
Tee, *der*	*čaj*	28
Teekanne, *die*	*čajnik, kantica za čaj*	11
Teich, *der*	*jezerce, bara, ribnjak*	36
telefonieren	*telefonirati*	30
Teller, *der*	*tanjir, tanjur, pladanj*	11
Teppich, *der*	*tepih, sag, prostirač*	11
Terrasse, *die*	*terasa*	8
Tiefkühlkost, *die*	*zamrznuta hrana*	26
Tierarzt/Tierärztin, *der/die*	*veterinar, veterinarka*	32
Tisch, *der*	*sto, stol*	9|20
Tischler, *der*	*stolar*	32
Tischtuch, *das*	*stolnjak, ubrus*	9
Tochter, *die*	*kćerka, kćer, ćerka*	7
Tomate, *die*	*paradajz, rajčica, paradajska*	25
Topf, *der*	*lonac*	11
Topfen, *der*	*svježi sir, mladi sir, sir*	26
Tor, *das*	*kapija, vrata, ljesa*	36
Torte, *die*	*torta, turta*	29
tot	*mrtvo*	41
tragen	*nositi*	35
Traktor, *der*	*traktor*	37
träumen	*sanjati, sanjariti*	30
traurig	*tužan*	19
trinken	*piti*	34
trocken	*suho, suvo, suh*	41
trotzig	*prkosno, nabusito, tvrdoglavo*	19
Truthahn, *der*	*puran, purica, ćuran, ćurka, pokac, poka*	37
T-Shirt, *das*	*majica , lajblj*	13
Tuch, *das*	*marama, rubac*	13
Tuchent, *die*	*jorgan, perina, blazina, dunja*	9
Tulpe, *die*	*tulipan, lala*	17
Tür, *die*	*vrata*	8
türkis	*tirkizan, tirkiz*	14
Turm, *der*	*toranj, turam*	22
Türschnalle, *die*	*kvaka na vratima, šmolja*	11

U

U-Bahn, *die*	*podzemna željeznica, podzemna železnica, podzemni vlak*	38
überrascht	*iznenađen, presenećen*	18
Ufo, *das*	*NLO, ufo*	38
Uhr, *die*	*sat, časovnik, ure*	9
Uhrzeit, *die*	*vrijeme, vreme, vrime*	15
umdrehen	*okrenuti se, obrnuti se*	35
ungeschickt	*nespretan, nešikan*	19
unten	*dolje, dole, odzdol*	41
Unterhemd, *das*	*potkošulja, košuljica*	13
Unterhose, *die*	*gaćice, plundrice*	13
Unterrock, *der*	*podsuknja, šnicka*	13
Unterschenkel, *der*	*potkoljenica, goljenica, potkolenica. potkoljeno*	6
Uroma, *die*	*prabaka, prababa*	7
Uropa, *der*	*pradjed, pradeda*	7

V

Vampir, *der*	*vampir*	22
Vase, *die*	*vaza*	9
Vater, *der*	*otac*	7
Verkäufer, *der*	*prodavač*	27
verliebt	*zasuto snijegom, zasuto snegom, zasnigano*	18
verschneit	*zasuto snijegom, zasuto snegom, zasnigano*	16
viel	*mnogo, čuda*	41
vier	*četiri, četire*	14
viereckig	*četvorougano, četverokutno*	14
vierzehn	*četrnaest*	14
vierzig	*četrdeset*	14
Vogel, *der*	*ptica*	33
Vogelscheuche, *die*	*strašilo*	36
voll	*puno*	41
Vorhang, *der*	*zavjesa, zavesa, zastor*	9
Vormittag, *der*	*prijepodne, prepodne, dopodne*	15
vorne	*pred*	41
Vorspeise, *die*	*predjelo, predjilo*	28
Vorzimmer, *das*	*predsoblje*	11

W

Waage, *die*	*vaga*	27
wach	*budan, zbuđen*	41
Wade, *die*	*list*	6
Wagon, *der*	*vagon*	39
Walnuss, *die*	*orah, orih*	25
Wand, *die*	*zid, stijena*	8
wandern	*pješačiti, pešačiti, pišačiti*	30
Wange, *die*	*obraz, lice*	6
warm	*toplo, teplo*	41
Waschbecken, *das*	*umivaonik, lavabo*	10
Wäsche, *die*	*veš, rublje*	37
Wäschekorb, *der*	*korpa za veš, košara za rublje*	10
waschen	*prati*	35
Waschmaschine, *die*	*mašina za pranje veša, stroj za pranje rublja, stroj za pranje*	10
Waschpulver, *das*	*prašak za pranje*	10
Wasser, *das*	*voda*	29
Wasserhahn, *der*	*česma, slavina, pipa*	10
Wassermelone, *die*	*lubenica, melona*	24
WC, *das*	*WC*	11
Wecker, *der*	*budilnik, budilica, budilnica*	9
weiblich	*žensko*	41
Weihnachtsstern, *der*	*božićna zvijezda, božićna zvezda*	17
weinen	*plakati, plakati se*	35
Weintraube, *die*	*grožđe, grozdac*	17|27
weiß	*bijelo, belo*	14
wenig	*malo*	41
werfen	*bacati, hitati*	35
Werkzeug, *das*	*alat, alatka, sprav*	37
Wespe, *die*	*osa*	33
Wiener Schnitzel, *das*	*bečka šnicla, bečki odrezak, bečanski odrizak, šniclj*	28
Wind, *der*	*vjetar, vetar*	17
windig	*vjetrovito, vetrovito, vjetreno*	17
Winter, *der*	*zima*	17
Wohnzimmer, *das*	*dnevna soba*	9
Wolke, *die*	*oblak*	16
Wurm, *der*	*crv, črv*	33
Wurst, *die*	*kobasica*	27

Z

Zahl, *die*	*broj*	14
Zahn, *der*	*zub*	6
Zahnarzt, *der*	*zubar*	32

Zahnbürste, *die*	*četkica za zube, ščetkica / kefica za zube*	10
Zahnpasta, *die*	*zubna pasta*	10
Zauberer, *der*	*čarobnjak*	22
Zaun, *der*	*ograda*	8
Zebrastreifen, *der*	*pješački prijelaz, pešački prelaz, zebra*	39
Zehe, *die*	*nožni prst, prst na nogi*	6
zehn	*deset*	14
zehntausend	*deset hiljada, deset tisuća, deset tisuć*	14
zeichnen	*crtati, nacrtati*	35
Zeigefinger, *der*	*kažiprst*	6
Zeitung, *die*	*novine*	9
Zelt, *das*	*šator*	22
Ziege, *die*	*koza*	36
ziehen	*vući, vlići*	35
Zierpolster, *der*	*jastuče, ukrasni jastuk, vankušac*	9
Zimmer, *das*	*soba, hiža*	8
Zitrone, *die*	*limun, citrona*	25
zornig	*ljutito, srdito*	19
zu	*zatvoreno, zaprto*	41
Zuckerl, *das*	*bombon, cuk(o)rić*	26
Zuckermelone, *die*	*dinja*	24
Zug, *der*	*voz, vlak*	39
Zuhause, *das*	*dom*	8
Zunge, *die*	*jezik*	6
zwanzig	*dvadeset*	14
zwei	*dva*	14
Zwerg, *der*	*patuljak*	22
Zwetschke, *die*	*šljiva, sliva*	24
Zwiebel, *die*	*luk*	24
zwölf	*dvanaest*	14